Principales abreviaturas utilizadas

GMD   *Das Griechische Musikdrama (El drama musical griego)*
GT   *Die Geburt der Tragödie (El nacimiento de la tragedia)*
KGW   *Nietzsche Werke. Kritische Gesamtausgabe.* Herausgegeben von Giorgio Colli und Mazzino Montinari. Berlin, Walter de Gruyter, 1967 y sigs.
SGT   *Sokrates un die griechische Tragödie (Sócrates y la tragedia griega)*
ST   *Sokrates und die Tragödie (Sócrates y la tragedia)*
DW   *Die dionysische Weltanschauung (La visión dionisíaca del mundo)*

EL PENSAMIENTO TRÁGICO DE LOS GRIEGOS

EL PENSAMIENTO TRÁGICO DE LOS GRIEGOS

ESCRITOS PÓSTUMOS 1870-1871

BIBLIOTECA NIETZSCHEANA
Bajo la dirección de
Jacobo Muñoz

TÍTULOS PUBLICADOS

1.—*Epistolario,* edición de Jacobo Muñoz.
2.—*Sobre la utilidad y el perjuicio de la historia para la vida [II Intempestiva],* edición de Germán Cano.
3.—*Aurora. Pensamientos sobre los prejuicios morales,* edición de Germán Cano.
4.—*Schopenhauer como educador,* edición de Jacobo Muñoz.
5.—*El Anticristo. Maldición sobre el cristianismo,* edición de Germán Cano.
6.—*La ciencia jovial,* edición de Germán Cano.
7.—*Crepúsculo de los ídolos o cómo se filosofa con el martillo,* edición de Daniel Gamper.
8.—*Escritos sobre Wagner,* edición de Joan B. Llinares.
9.—*Notas de Tautenburg para Lou von Salomé. Fragmentos póstumos (Julio-agosto, 1882. Verano-otoño, 1882),* edición de José Luis Puertas.
10.—*El pensamiento trágico de los griegos. Escritos póstumos 1870-1871,* edición de Vicente Serrano.

Friedrich Nietzsche

EL PENSAMIENTO TRÁGICO DE LOS GRIEGOS
ESCRITOS PÓSTUMOS 1870-1871

Introducción, traducción y notas
de
Vicente Serrano

BIBLIOTECA NUEVA

Cubierta: A. Imbert

© Editorial Biblioteca Nueva, S. L., Madrid, 2004
Almagro, 38
28010 Madrid

ISBN: 84-9742-142-6
Depósito Legal: M-363-2004

Impreso en Rógar, S. A.
Impreso en España - *Printed in Spain*

ÍNDICE

Introducción

El pensamiento trágico de los griegos
   y *El nacimiento de la tragedia*

La edición que presentamos en este volumen de póstumos de Nietzsche es la de aquellos escritos redactados a lo largo de 1870 y 71, y a partir de los cuales se gestó la publicación de *El nacimiento de la tragedia* de 1872. En realidad podría muy bien hablarse de materiales para *El nacimiento de la tragedia*, puesto que la mayor parte de lo redactado por Nietzsche en estos años acabó incorporándose al cuerpo definitivo de esa primera publicación. Parcialmente, estos materiales han sido ya publicados en castellano, en la versión de Sánchez Pascual, pero como apéndice a su edición de *El nacimiento de la tragedia*, bajo el título *Escritos preparatorios*[1]. Nues-

---

[1] Alianza, Madrid, 1973, págs. 195-266. La calificación de los escritos como preparatorios nos parece inexacta, toda vez que no se trata de escritos que Nietzsche escribiera con esa intención, sino que tienen un carácter autónomo y acabado, aunque luego se incorporaron al libro, cosa que en todo caso Nietzsche ignoraba en el momento de escribirlos. Los tres primeros son sin duda previos a la idea misma de escribir un libro, o al menos, ese libro. En cuanto al cuarto, seguramente es ya una primera versión del libro, y como tal lo hizo imprimir Nietzsche privadamente. Siguiendo el criterio del editor de la *KGW*, hemos optado por incluirlo también como póstumo, a pesar de la impresión privada de Nietzsche (cfr. *KGW*, III, 2, *Vorbemerkung der Herausgeber*, IV-V).

tra versión es la primera que los presenta de modo autónomo y completo, a partir de la *KGW*. Este tratamiento nos parece obligado, no sólo por obedecer a la ordenación de la *KGW*, sino sobre todo porque a partir de la misma se facilita el estudio en castellano del primer Nietzsche. En realidad estamos ante un laboratorio de su pensamiento, en el que podemos seguir casi paso a paso la gestación de sus ideas, su evolución, la lógica de la incorporación de los sucesivos elementos que darán lugar al escrito sobre la tragedia. Se trata de cuatro ensayos que llevan por título respectivamente *El drama musical griego, Sócrates y la tragedia, La visión dionisíaca del mundo* y *Sócrates y la tragedia griega*[2]. Los dos primeros son el texto de sendas conferencias pronunciadas por Nietzsche en Basilea en enero y febrero de 1870 respectivamente. *La visión dionisíaca del mundo* fue redactado en el verano de ese mismo año, y finalmente *Sócrates y la tragedia griega* es una versión muy ampliada de la segunda conferencia, y que Nietzsche redactó e imprimió privadamente en 1871, y que incorporó después a la versión publicada de *El nacimiento de la tragedia*.

Hoy sigue siendo un problema no resuelto satisfactoriamente la determinación de las fuentes del pensamiento de este primer Nietzsche, más allá de la obvia presencia de elementos procedentes de Schopenhauer y de Wagner[3]. Pensamos que ello obedece en parte al hecho de que el lector que se aproxima al primer Nietzsche acostumbra a hacerlo directamente por *El nacimiento de la tragedia*, tal como

---

[2] Hemos omitido un quinto escrito, *El nacimiento del pensamiento trágico*, una versión con pequeñas variantes estilísticas y algo más breve de la *Visión dionisíaca del mundo* y que el lector podrá encontrar en esta misma colección junto a la nueva edición de *El nacimiento de la tragedia*, preparada por Germán Cano.

[3] Sobre el estado de la cuestión, el lector puede encontrar en castellano una obra muy documentada de Manuel Barrios, con el título *La voluntad de lo trágico. El concepto nietzscheano de voluntad a partir de El nacimiento de la tragedia*, Madrid, Biblioteca Nueva, 2002.

su autor la publicó, omitiendo de esta forma estos ensayos que la precedieron y la prepararon en un proceso relativamente costoso, y abstrayendo de la ordenación cronológica de los materiales que aparecen en aquella, así como del hecho muy significativo de que esos escritos tienen en sí mismos un carácter cerrado y autónomo. Un lector semejante, y los hemos sido prácticamente todos desde el año 1872 hasta fecha reciente, puede llegar, por ejemplo, a la conclusión errónea de que el juego de la oposición entre lo apolíneo y lo dionisíaco es la clave a partir de la cual Nietzsche elabora, como a partir de una especie de esquema previo, la obra sobre la tragedia, cuando lo cierto es que esa idea se incorpora con posterioridad a la descripción del drama griego en términos propios de una estética heredera de la *Frühromantik*, o a una concepción de la decadencia de la tragedia a partir de Eurípides, que era también un lugar común en la filología de comienzos del xix. Estas dos ideas, de las que Nietzsche se ocupa en las conferencias de 1870, son el verdadero sustrato al que sólo añade Nietzsche, meses más tarde, el famoso esquema apolíneo-dionisíaco, y del cual sólo extrae todas sus consecuencias a partir del año 71, precisamente proyectándolo sobre los escritos anteriores. Pero, desde ese error, a su vez el lector tradicional de *El nacimieto de la tragedia*, inevitablemente caerá en otro más grave, el de considerar que las ideas mismas sobre la decadencia dependen de ese esquema y no al revés, con lo que se le cerrará el paso para comprender la procedencia de ese esquema mismo, y entrará de este modo en el *hechizo* de un Nietzsche que inventa casi a partir de la nada, y cerrará así la posibilidad de adscribirle a la tradición a la que pertenece. De estos errores se seguirán a su vez otros que, con su efecto multiplicador, acabarán por moldear en su mente la imagen tradicional de una especie de genio que en su soledad ha generado sus pensamientos a partir de cero, la de ese visionario que quiso y creyó ser. Pero lo cierto es que el talento profundamente innovador de Nietzsche, su capacidad poética para revitalizar cuanto tocaba, no llega tan lejos como para crear a partir de la nada, y si es original, lo es no tanto por su capacidad para crear, como por la de actualizar una tradición a la que pertenece, y que por determinadas circunstancias no siempre es del todo reconocible en su obra. La ordenación de los materiales de *El nacimiento de la tragedia* es una de esas circunstancias. Es por ello por lo que proponemos que la lectura del primer Nietzsche se inicie por estos escritos póstumos, bajo el título *El pensamiento trágico de los griegos*. Abstrayendo de que en el año 71, y para completar el libro, Nietzsche añade los últimos parágrafos del actual *Nacimiento de la tragedia*, no falta en ellos nada que no esté en esa obra pero, en cambio, a partir de esa autonomía de los escritos y de la posibilidad de su seguimiento cronológico se ofrecen aspectos y matices que no pueden encontrarse en *El nacimiento de la tragedia.*

No parece lógico abordar la obra de un autor a partir de avatares editoriales y abstraer de la formación real de su pensamiento a lo largo de prácticamente dos años. Por lo demás no estamos ante borradores que el autor no quisiera dar al público, puesto que las dos conferencias que abren nuestra edición fueron públicas, y el propio Nietzsche se hace eco de la respuesta que recibieron. Por otra parte, la idea misma de hacer un libro sobre la tragedia procede de Wagner a partir de la lectura de la segunda de las conferencias. Esta sugerencia es seguramente la que llevó a Nietzsche a la versión ampliada de la misma con el título *Sócrates y la tragedia griega*, y que Nietzsche llegó a imprimir privadamente y luego a incorporar íntegra al libro. Como también incorporó finalmente casi íntegra *La visión dionisíaca del mundo*. La versión final obedece, pues, a una especie de compilación de materiales que habían visto ya la luz o, cuando no fue el caso, como en el de este último y el de *El nacimiento del pensamiento trágico*, escritos que el autor respetó en su integridad. La versión publicada de *El nacimiento de la tragedia* no añade, pues, nada significativo en cuanto al contenido de lo pensado en los dos años que la preceden, y acaso lo que hace es adulterarlo, a partir de la nueva ordenación de los materiales, en la que al parecer tuvo una decisiva influencia Wagner. Otra cosa fue la recepción del libro y su carácter determinante para la trayectoria posterior de Nietzsche. Pero esto son ya aspectos externos al pensamiento recogido en ella, que determinan el efecto Nietzsche, el cual seguramente puede estudiarse tal vez con mayor amplitud a partir del proceso de formación de las ideas que se evidencia atendiendo a la cronología y a la autonomía de estos escritos previos. ¿La recepción por parte de los filólogos, y en concreto, por parte de Wilamowitz se habría visto confirmada a partir de esta lectura?

En lo que sigue trataremos de hacer un seguimiento de las principales ideas presentadas por Nietzsche tal como van emergiendo en los ensayos, e indagaremos su adscripción a la tradición que en Alemania se había ocupado de esos problemas desde premisas análogas, cuando no idénticas a las de Nietzsche. Nuestro análisis no pretende ser exhaustivo, y sí sólo indicativo de los frutos que puede dar una aproximación del pensamiento nietzscheano sobre la tragedia desde la perspectiva que proponemos.

II. PARADOJAS DE LA RECEPCIÓN DE NIETZSCHE
    A PARTIR DE *EL NACIMIENTO DE LA TRAGEDIA*

De entre los filósofos del siglo XIX tal vez ningún otro conserve tanta vigencia en estos primeros años del siglo XXI como Friedrich Nietzsche. Ello es debido, sin duda, a varias causas, al tono literario de su obra, a la belleza de su expresión, a la libertad con que se expresa frente a las ataduras académicas de la época. En realidad incluso como el profesional de la filología que era, desde su primera obra, *El nacimiento de la tragedia,* soportó los reproches de la comunidad académica y se puede decir que rompió con ella en un episodio bien conocido[4]. Pero no es a esta cuestión a la que apuntamos al hablar de su vigencia a comienzos del siglo XXI, porque de hecho los factores que hemos mencionado, a los que cabría añadir alguno más, son los que explican que la primera recepción de su obra no fuera filosófica en sentido estricto, sino que tuviera lugar en círculos literarios, culturales y artísticos más amplios. Tal vez eso explique su relativamente temprana penetración en una España que, en los primeros años del siglo XX, seguía siendo casi impermeable a los desarrollos filosóficos de Europa. Pero en realidad el influjo y la repercusión de Nietzsche en la propia Alemania y en el resto de Europa, ya importante, eran también ajenos a los círculos de la filosofía académica y profesional, que en ese momento andaban mayoritariamente ocupados de otros problemas bien distintos a los que planteaba Nietzsche, y se servían de un tono bien distinto.

Es innegable, como ejemplos destacables, que la corriente representada por Dilthey tenía un parentesco que hoy reconocemos bien estrecho con Nietzsche, o que el mismo Max Weber no dejaba de traslucir sus lecturas de Nietzsche[5]. Pero no es menos cierto que éste carecía de la respetabilidad necesaria para que se le pudiera aducir en polémicas, disputas o argumentos. Son los años de los ensayos de un Husserl por refundar en la fenomenología una filosofía como ciencia estricta, los años del neokantismo, de la afirmación y la consolidación de la lógica matemática en torno a Russell y Whitehead, de la publicación del *Tractatus* de Wittgenstein y de la génesis del Círculo de Viena; los años de los primeros pasos de la que luego sería la Teoría

---

[4] Nos referimos, obviamente, a la reseña de Wilamowitz, quien acusó a Nietzsche de no ser filólogo, o más bien de ser un mal filólogo. Los escritos de la polémica pueden consultarse en *Nietzsche y la polémica sobre el nacimiento de la tragedia*, edición de Luis Santiago Guervós, Málaga, Editorial Librería Ágora, 1994.

[5] Sobre la primera recepción de Nietzsche puede consultarse Ernst Nolte, *Nietzsche y el nietzscheanismo*, Madrid, Alianza, 1995.

Crítica de inspiración francfortiana, etc. La filosofía académica y profesional vivía bajo el hechizo del prestigio y rigor de la ciencia, incluso para combatirla en algunos casos, pero cautivada, en fin, por un modelo de conocimiento que alcanzaba por entonces sorprendentes éxitos.

Y sin embargo, más allá de la filosofía, y por esas mismas fechas, Europa pasaría a verse sacudida por crisis profundas, al hilo de las que empezaría el socavamiento, cuando no directamente el abandono, de esa fe en el saber científico. En los años que anteceden a la Primera Guerra Mundial el clima fue haciéndose, como es sabido, cada vez más pesimista. Un pesimismo clarividente que, confirmado por la catástrofe bélica, no haría sino intensificarse en los años de entreguerras, apenas mitigado por el abandono a una cierta inconsciencia por parte de quienes preferían mirar a otro lado tras el primer desastre, permitiendo así que se hablara de los felices 20. O mitigado por la vaga esperanza en el recién estrenado socialismo soviético, que, pese a sus infinitas dificultades, representaba todavía un horizonte para toda una tradición de Occidente. O finalmente mitigado por el brutal espejismo de los fascismos, que quiso ser otro horizonte para una tradición contrapuesta a la anterior, pero tan occidental como ella. Así, mientras la filosofía deambulaba a la sombra inalcanzable de la ciencia, se disolvían imperios seculares, y con ellos también la creencia optimista que desde la Ilustración se había asociado al saber científico. Y, como suele ocurrir, la literatura y el arte, o incluso otros saberes, como la historia o el psicoanálisis, detectaron y reflejaron mucho antes que la filosofía ese estado de ánimo. Porque esos años son también los de un Freud, los de Spengler, Kafka, los de Musil, los de Joyce, los de Mann, o T. S. Eliot, por citar sólo algunos nombres, los del expresionismo, o los de unas vanguardias que denunciaban, en ocasiones mediante una ambigua huida hacia delante, la crisis profunda del mundo en que habían nacido y crecido. Una vez más el búho de Minerva de la filosofía parecía estar esperando el anochecer para alzar su vuelo. Y si bien es cierto que comenzó a aletear ya en los años 20, o incluso antes en los diagnósticos de un Weber, lo cierto es que necesitó un segundo anochecer para que el pesimismo se instalara definitivamente en su discurso. Sólo después de la Segunda Guerra y su catástrofe, el clima de las obras filosóficas se pudo adaptar de modo generalizado a lo que habían reflejado antes con creces los artistas, poetas, novelistas, cineastas y otros hombres de la cultura, respecto del optimismo procedente de la ya lejana Ilustración. Bastaría con mencionar dos obras tan emblemáticas como *El Ser y la Nada* o la *Dialéctica de la Ilustración*, publicadas ambas cuando resonaban aún los ecos de las sirenas y de las bombas.

Pues bien, justamente en esos años en los que la filosofía académica apenas se ocupaba de Nietzsche, su presencia en la cultura europea era ya innegable, y justamente porque su sensibilidad era de artista, el tono mismo de su obra sintonizaba muy bien con ese clima de crisis que se vivía y manifestaba en las artes y las letras. ¿Cómo no había de hacerlo el filósofo que había anunciado al inhóspito huésped del nihilismo, el pensador con tintes proféticos y casi apocalípticos que había hecho de la muerte de Dios uno de los motivos fundamentales de su meditación, el artista que prometía un saber jovial y la creación de nuevos valores allí donde se habían desvalorizado todos los antiguos que eran el fundamento de la cultura occidental? ¿Y cómo habían de interesarse por él los filósofos profesionales, enzarzados en una compleja búsqueda renovada de la verdad transcendental o de la demarcación entre ciencia y no ciencia? ¿Cómo iban a ocuparse de él, cautivados como estaban por un modelo de saber científico que desechaba como literario en el lenguaje de unos, como ideológico en el de otros, todo enunciado no verificable, precisamente el tipo de enunciados del que estaba tejida la obra de un Nietzsche, para quien todo se reduce, y también la ciencia, a metáforas y metonimias?

Y sin embargo, del seno de una de esas tendencias, por lo demás en dura pugna entre sí, del seno de la *fenomenolo-*

gía surge una figura que obrará la difícil tarea de hacer de Nietzsche un filósofo para la academia, un filósofo que se sitúa incluso al nivel de un Platón, de un Aristóteles, de un Duns Escoto, de un Kant. Martin Heidegger, con su pretensión de un pensar ontológico y tras las huellas del impulso fundamental de la fenomenología, pero superándola, descubre en los años 30 toda la potencia encerrada en la obra de Nietzsche, y le convierte en un objeto de estudio privilegiado, como antes lo habían sido los filósofos mencionados.[6] Más aún, Heidegger haría de Nietzsche la culminación misma de la filosofía de Occidente, antes del propio Heidegger, por supuesto. Es decir: una pieza inexcusable de todo pensar. Al culminar la metafísica, Nietzsche no sólo entra en la más rancia tradición académica, sino que pasa a ser su último eslabón. El filólogo que había despreciado la filosofía misma como un fraude, el brillante creador de metáforas que había proyectado como un anatema el espíritu teórico de Sócrates sobre la tradición y la cultura occidental en su conjunto, el artista de la palabra que bajo la máscara de Dionisos reía trágicamente sobre las cenizas de todos los valores, el profeta y el poeta del nihilismo, tomó de este modo asiento en la galería de los grandes. Y esto ocurría nada menos que en la exigente tradición académica alemana. La pesada maquinaria del pensar de un Heidegger devoraba al danzarín inquieto y volátil. Parece un sarcasmo y resulta incluso poco probable que Nietzsche hubiera admitido esa tergiversación de su pensamiento. Pero lo cierto es que las particulares condiciones históricas que vivía Alemania facilitaron ese hecho. Porque también en la realidad social y política alemana se vivía una situación que cabría adjetivar como paradójica de no haberse saldado

---

[6] En realidad Lask, Jaspers, Jünger son nombres destacados que también se ocuparon por las mismas fechas de Nietzsche, y por tanto no es Heidegger el único, aunque fuera, tal vez, quien le integró definitivamente en el cauce académico.

con tanta tragedia. La refinada, sutil, compleja cultura alemana se veía de pronto sometida al corsé de una ideología brutalmente infantil en sus mecanismos fundamentales.

Las tradiciones liberales, las socialistas, las de la gran cultura alemana en su conjunto, se veían de pronto marginadas y perseguidas, obligadas al silencio o al exilio, acusadas de degeneradas y antialemanas. ¿Pero no era también germano el pensador que había fustigado esas tradiciones, que había ensalzado lo ario frente a lo semita desde su consideración de la tragedia griega, que coincidía, en fin, en lo fundamental con una visión autoritaria y premoderna de lo político? El partido nazi descubrió en Nietzsche una raíz cultural con que llenar el vacío de las botas, las hogueras, los desfiles, las arengas. El profeta había encontrado al fin su profecía, y el nuevo mesías laico del pueblo alemán había encontrado a su vez su profeta.

Ciertamente este Nietzsche de cortos vuelos no es Nietzsche (más allá de algunas coincidencias superficiales), ni es tampoco el Nietzsche de Heidegger. Es más bien el de personajes de segunda fila, como un Baeumler[7], que, sin embargo, se habían adueñado de la vida académica y universitaria alemana, mientras que nombres como Husserl, Horkheimer, Benjamin, Freud, y tantos otros tuvieron que emprender el camino del silencio o del exilio. Ciertamente ese Nietzsche, como decimos, no es el de Heidegger, por más que éste retirara en la nueva edición de *Ser y Tiempo* la dedicatoria a Husserl, por más que Heidegger asumiera el rectorado y denunciara a compañeros, o creyera ingenuamente que él mismo era el filósofo de los nuevos tiempos. Y sin embargo, parece muy improbable que sin esa especial circunstancia que vivía la Alemania de

---

[7] Alfred Baeumler, ideólogo del partido nazi, había publicado ya, dos años antes de la subida el poder de Hitler, un libro sobre Nietzsche con el título *Nietzsche, el filósofo y el político*.

22

los 30 Nietzsche hubiera podido entrar en la vida académica de la forma en que lo hizo[8]. O dicho de otra manera, esa circunstancia política e histórica facilitó la lectura heideggeriana de Nietzsche y sitúo a éste en un ámbito al que dificilmente hubiera podido aspirar. Pero una cosa es eso, y otra bien distinta afirmar que el Nietzsche de Heidegger es un Nietzsche nazi. Como una cosa es afirmar que Heidegger perteneció al partido y fue rector bajo el *Führer*, y creyó en esa nueva Alemania, y otra bien distinta que su filosofia fuera nazi sin más. Era demasiado reflexiva, demasiado densa, laberíntica casi, como para casar con una ideología que se alimenta de simplificaciones. Más aún, fue precisamente la interpretación que Heidegger ofreció de Nietzsche lo que no gustó en los círculos de poder, y en particular a Baeumler, y enfrentó a Heidegger con el partido, seguramente porque era demasiado filosófica, demasiado especulativa y dejaba en mera caricatura la versión oficial y dominante.

Pero es que en realidad esa versión oficial dominante, como todo el entramado cultural nazi en su conjunto, no dejaba de ser una caricatura de la única tradición de la que podía beber. Y este es sin duda el punto de encuentro entre los tres elementos que venimos considerando: Nietzsche, Heidegger y los nazis. Más allá de la circunstancia histórica que la posibilitó, la lectura que Heidegger hace y que permite introducir a Nietzsche en el ámbito de la filosofía, obedece a motivos profundos del conflicto cultural alemán y europeo desde al menos el siglo XVIII. Y esto es lo que explica por qué Nietzsche y Heidegger siguen vivos, y también por qué ya sólo los eruditos se acuerdan de Baeumler, y únicamente en relación con aquellos dos. Eso explica también en parte por qué la introducción que Heidegger

---

[8] Es obvio que en esos años mereció una atención hasta entonces desconocida para Nietzsche en el ámbito académico.

hizo ha tenido una continuidad que llega hasta hoy, y gracias, en cierto modo, a la cual es Nietzsche, como decíamos al comienzo, el filósofo del siglo XIX con más vigencia en nuestros días.

III. EL PENSAMIENTO TRÁGICO EN LA TRADICIÓN ALEMANA

Porque en realidad, como decíamos, el nazismo fue sólo una caricatura dramática de una tradición profunda de la filosofía alemana con la que sin duda tenía algún parentesco, pero que en todo caso obedece a razones históricas y filosóficas en parte ajenas a la erupción nazi. De *El nacimiento de la tragedia* se ha afirmado reiteradamente que contiene ya lo fundamental de Nietzsche, pero contiene, además de eso, muchos de los elementos de esa tradición cultural que une a Nietzsche y Heidegger, y que a través de ambos llega desde la posguerra hasta las polémicas de los últimos años del pasado siglo.

Los escritos póstumos que aquí presentamos son entonces, como hemos señalado, algo más que escritos preparatorios o borradores de *El nacimiento de la tragedia*. Constituyen materiales y escritos previos, que luego Nietzsche incorporó a la versión publicada de *El nacimiento de la tragedia*. En ellos, como en esa primera obra publicada, se encuentra un germen decisivo no sólo para comprender la trayectoria posterior del filósofo, sino sobre todo también para comprender esa vigencia. Nietzsche hace suyos, en efecto, en esta fecha temprana, algunos elementos de esa tradición, para desde ellos reelaborarla en un sentido que no siempre es fácil de reconocer si nos atenemos a los resultados. Porque de hecho esos resultados parecen apuntar en primera instancia a una concepción en todo contraria a la filiación de la que proceden.

Es un tópico (y como todos encierra una verdad que oculta a su vez algunas simplificaciones), que desde el punto de vista filosófico el horizonte inmediato, y sin duda superficial[9], de *El nacimiento de la tragedia* es Arthur Schopenhauer. Era el filósofo que Nietzsche había frecuentado y del que toma las herramientas fundamentales de su discurso en ese ámbito en principio filosófico. Curiosamente también Schopenhauer es un filósofo excéntrico, alejado en parte de la academia y con una recepción atípica, tal vez por obra de Nietzsche mismo. Como es bien sabido, lo que Nietzsche toma de Schopenhauer es la contraposición básica subyacente en éste entre voluntad y representación, que obedece a su vez a la vieja distinción kantiana entre fenómenos y *noúmeno*, leída por Schopenhauer en términos de representación y voluntad respectivamente. Toma también Nietzsche la noción de individuación, un término de rancio abolengo en la tradición occidental, pero que en manos de Schopenhauer remite al ámbito de la representación en la que la voluntad, por así decir, se encuentra desgajada de sí misma. Por último Nietzsche asume la importancia del arte, que el mismo Schopenhauer reconoce como instrumento que resuelve en la existencia el conflicto fundamental entre voluntad y representación, que es la tensión esencial. Pero estos materiales son sólo herramientas con las que dar cauce a problemas más profundos, o al menos a problemas más antiguos, de los que, por lo demás, es heredero el propio Schopenhauer.

En 1870-1871, fecha de los escritos que presentamos, Nietzsche es ya un joven catedrático en Basilea, desde el 69, con apenas venticuatro años. Pero su cátedra es de filología clásica y su profesión es la de filólogo, lo que explica su proyección inmediata de esas ideas de raíz schopenhaueriana al mundo profesional que le era propio, el del mundo clásico. En este sentido la actividad profesional

---

[9] La obra citada de Manuel Barrios, en la medida en que se dirige fundamentalmente a considerar críticamente esa relación con la filosofía de Schopenhauer, resulta esclarecedora y de enorme interés en esta cuestión.

de Nietzsche le había llevado inevitablemente a Grecia, es decir, al ámbito donde habían encontrado refugio los ideales estéticos de la primera generación romántica, la del círculo formado en torno a los hermanos Schlegel, y del que Schelling había sido el filósofo oficial. El tono de la obra de Schopenhauer, que se reclamaba heredera directa de Kant, bajo cuyo influjo se había formado aquel círculo romántico, y esa vuelta a Grecia, parecían conducir inevitablemente a Nietzsche hacia un universo teórico que en esas fechas estaba ya casi sepultado en la Alemania a punto de unificarse, donde circulaban ya otras ideas, y en la que incluso Hegel estaba prácticamente olvidado. Pero lo cierto es que esa tradición, lejos de estar muerta, sólo dormía a la espera de cobrar nueva vida. Esa tradición había sido una respuesta originaria a la primera revolución industrial, la respuesta de una generación entera ante las profundas transformaciones de la Europa del cambio de siglo. El joven Nietzsche había tomado posesión de su cátedra en un momento análogo, de profundas transformaciones sólo comparables a las de la Europa napoleónica. Su obra supondrá una renovación de la vieja respuesta romántica, idéntica en lo esencial y en las premisas, diversa en las formas y en la apariencia de los resultados. En lo esencial encontramos en él los mismos elementos de la vieja estética del primer romanticismo: un regreso a la estética como ámbito de solución de conflictos, un regreso a Grecia como universo ideal frente a la modernidad, una afirmación de los elementos irracionales frente a la primacía de la razón ilustrada y del espíritu científico, una búsqueda de un nuevo concepto de la naturaleza frente a la escisión moderna, una naturaleza a la que regresar como unidad originaria. Si bien es cierto que en un primer momento todo ello teñido de un cierto pesimismo heredado de Schopenhauer, del que se fue alejando progresivamente.

En *El nacimiento de la tragedia* todos esos elementos son desde luego reconocibles, y como tales han sido siempre detectados por cualquier lector atento. Sin embargo, la obra es fruto de una elaboración y composición de los materiales que Nietzsche había ido produciendo a lo largo de, al menos, los dos años previos a la fecha de la publicación[10]. En esa composición se pierde en parte el proceso de incorporación de los distintos elementos, que resultan en cambio más fácilmente reconocibles e identificables si se sigue, paso a paso, la evolución más espontánea con arreglo a la que Nietzsche va alumbrando su pensamiento a partir de las dos conferencias que pronunció en Basilea a comienzos del año 70.

La primera de esas conferencias, *El drama musical griego,* tiene un sesgo marcadamente filológico y es en apariencia el texto menos filosófico de los que aquí presentamos, y en el que el trasfondo último de sus intereses parece ser la obra de Wagner. En él Nietzsche se resiste a las generalizaciones filosóficas que encontraremos más tarde en los demás escritos, y que ya Fink descubrió como características del tono mismo de la obra. Pero a pesar de todo están ya implícitas y se avanzan algunas de las ideas en las que en este momento centra su meditación, y en torno a las cuales se organizará bien pronto, combinadas con las recibidas de Schopenhauer, su pensamiento sobre Grecia. La fundamental, a nuestro entender, aparece recogida en su concepción, sin duda vinculada a su interés por Wagner, del drama musical griego como una obra de arte total que se unifica en torno a la música, como expresión de una concepción festiva que, en términos de Nietzsche, corre paralela al impulso primaveral que nos acerca a la naturaleza, y que estaría presente en todos los pueblos.

---

[10] Sobre la gestación de la obra y sus circunstancias sigue siendo valiosa la noticia de Sánchez Pascual a su edición castellana de la misma. Para más detalles puede consultarse la biografía de C. P. Janz, *Friedrich Nietzsche,* traducción de Jacobo Muñoz e Isidoro Reguera, Madrid, Alianza, 1981. En particular para este aspecto, el volumen 2 bajo el título *Los diez años de Basilea,* capítulo 9.

En esta idea fundamental del escrito queremos detenernos por un momento, porque en sí misma encierra más elementos útiles para una interpretación del Nietzsche posterior de lo que pudiera parecer a primera vista. En realidad la idea de un arte total se vincula a su vez a otras dos, a saber, a la de una naturaleza humana única o de una pieza, lo que Nietzsche llama el *hombre total*, y a la crítica de la concepción moderna del arte, que sería la de un arte dividido en géneros y dirigido a distintas facultades, y que habría roto esa estructura.

Toda la primera parte del escrito está dirigida a esta cuestión y se corresponde con consideraciones análogas recogidas en *El nacimiento de la tragedia*. En concreto nos dice Nietzsche, en un texto que reúne esos dos elementos: «pero esta tesis demuestra el mal hábito moderno según el cual no es posible que gocemos ya del arte como hombres totales». En torno a esta cuestión se organizan los demás elementos: la importancia de la música como elemento unificador, las consideraciones en torno al papel del coro, sus relaciones con el espectador etc., tan decisivas en los escritos posteriores. Pero esta idea, más allá de su naturaleza en principio estética y de sus resonancias wagnerianas, pertenece en sí misma al núcleo en torno al que se fue también construyendo la especulación estética del primer romanticismo, y contiene por ello una importancia filosófica nada desdeñable. No creemos que pueda considerarse casual que esa misma expresión fuera empleada por Fichte, casi cien años antes, en sus trabajos escolares en la *Schulpforta* en la que también estudió Nietzsche[11]. En el contexto de Fichte esa expresión obedecía al conflicto, entonces decisivo en la Alemania ilustrada, entre el corazón y el intelecto a la hora de educar. Desde ese contexto Fichte la generalizará, tras su lectura de Kant, a la escisión entre la razón teórica y ra-

---

[11] No está de más recordar que durante un tiempo, aunque breve, fue Fichte el filósofo de los románticos.

zón práctica, y será el estímulo fundamental para construir su filosofía, abriendo así el camino a Schelling, a Hegel, y a toda la especulación posterior. Pero más decisivo aún es el hecho de que los primeros románticos hicieran de este motivo uno de sus argumentos estéticos fundamentales, frente a la escisión moderna, como lo prueba la insistencia de Friedrich Schlegel en la poesía como arte unificador de todos los demás, que tendría en Grecia su modelo, y que consolidará Schelling al convertirla en *organon* de la filosofía alternativo a la lógica.

Nietzsche inicia, pues, su reflexión sobre el drama griego a partir de una vieja idea, de la que desde luego era también heredero el Wagner al que admiraba en este momento. Y sin duda la producción estética de Wagner moldea y matiza esa idea, proyectándola hacia la música, del mismo modo como la importancia concedida por Schopenhauer a la música determina y corrige la prioridad dada por los primeros románticos a la poesía.

Pero por debajo de esa aspiración a un universo estético total y unitario subyace, tanto en los románticos como en Nietzsche, la premisa que exige esa búsqueda de la unidad, que es justamente la pérdida de la misma. No estamos, pues, ante un problema estrictamente estético, sino ante un problema que podríamos llamar ontológico vinculado a la modernidad, y que los primeros románticos en la medida en que cifran su esperanza en la estética, convierten aparentemente en un problema estético. Al reclamar la unidad del arte según el modelo del drama griego, Nietzsche renueva esa pretensión ontológica del primer romanticismo, y se inscribe en una tradición que tenía ya más de cien años en ese momento.

El problema de la unidad perdida, o si se prefiere el de la escisión, ha sido, en efecto, uno de los motivos fundamentales de la modernidad que arranca convencionalmente en el cartesianismo, y pasa desde éste por múltiples versiones hasta llegar a la elaboración kantiana, donde reaparece en forma de diversas escisiones, fenómeno-noúmeno, intuición-concepto, entendimiento-razón, etc., pero que tal vez se resume de modo ejemplar en el abismo entre razón teórica y práctica. Fue este el motivo fundamental que dio lugar a la especulación poskantiana y a las distintas versiones del idealismo, así como al diagnóstico hegeliano de una modernidad caracterizada por la escisión. En ese problema, pues, se inscriben motivos profundos de la reflexión que arranca en el ámbito germano del siglo XIX. Este problema conoce múltiples formulaciones, que no podemos ni pretendemos resumir aquí, porque si constituye, como pretendemos, uno de los motivos fundamentales del pensamiento que culmina la primera Ilustración, nos obligaría a un recorrido excesivo. En todo caso, y a nuestros efectos, no está de más recordar que frente a ese problema se articulan al menos dos tradiciones. La primera de ellas sería la que busca resolver esa escisión en el seno y con los materiales de la Ilustración. Es el caso de un Reinhold, y el de un Fichte, que en un primer momento cree encontrar el *hombre total* que buscaba en *Pforta* en la obra de Kant, para descubrir más tarde, al hilo de la lectura del propio Kant y de Reinhold, que se trataba de un asunto todavía no enteramente resuelto. Fichte apura la unidad desde la propia razón práctica, es decir de la propia subjetividad moderna y da lugar así a esa primera versión del idealismo, llamado subjetivo.

Sin embargo, hay otra tradición contemporánea de ésta, y que se resiste a asumir las premisas mismas de la modernidad, que combate, por así decir, esa escisión fundamental a que conduce lo moderno, y lo hace o al menos lo intenta a partir de otras premisas. Esa tradición tiene en Hamann, o en Jacobi y en la *Frühromantik,* una línea de continuidad que busca la unidad perdida más allá de la subjetividad, o por mejor decir, en un momento anterior a la propia subjetividad, pero que sin embargo no puede prescindir de la subjetividad. Es decir, se trata de una tradición que querría, sin conseguirlo, ser premoderna y que trata de reconstruir la unidad perdida estableciendo otro tipo de relaciones con el elemento inexcusable e insoslayable de la subjetividad moderna. En Hamann tal cosa se expresa en la naturaleza entendida como lenguaje de la revelación divina. En Jacobi mediante el regreso a un realismo ingenuo, sin embargo muy sutil, y en un salto mortal hacia la no-filosofía, si por filosofía se entiende la filosofía fundada en el sujeto. En la *Frühromantik* en una búsqueda estética hacia la belleza como ideal de unidad que no es capaz de ofrecer la ciencia moderna, ideal estético que como en Novalis puede vincularse a su vez a la nostalgia de la cristiandad. La década de los 90 es especialmente compleja y rica en este tipo de problemas, y en ella se entrecruzan las dos tradiciones de un modo complejo y confuso en ocasiones, donde la extraña recepción de Spinoza juega además un papel decisivo y a veces contradictorio. La obra de Hegel atiende a ambas tradiciones y realiza una prodigiosa síntesis con la que cree haber cerrado el problema. Y sin embargo todavía Marx podrá darle otra vuelta de tuerca al afirmar que el viejo problema entre naturaleza y libertad encuentra su solución en la industria, y desplazando la reflexión al ámbito de la producción.

Esta adscripción de Nietzsche al romanticismo[12] es una consideración reiterada y antigua, formulada incluso por el propio Nietzsche. En su *Ensayo de autocrítica*, en efecto, reconoce un cierto romanticismo en esa obra, la primera de las suyas, en ese «escrito imposible», pero no por ello deja de situar retrospectivamente su diferencia fundamental con respecto a los románticos en el hecho de que éstos culminen su nostalgia de la unidad perdida en el consolador re-

---

[12] Dedicado a esta cuestión, además de las obras de Manuel Barrios citadas en la bibliografía, el lector puede encontrar, entre otros, un interesante trabajo de Félix Duque con el título «Nietzsche y la "arqueología romántica de la cultura"», en *La estrella errante. Estudios sobre la apoteosis romántica de la historia*, Madrid, Akal, 1997.

greso al cristianismo, a la vieja fe, al viejo Dios. Con ello saldaba a la vez sus cuentas con Schopenhauer y su análogo regreso moral, mediante la compasión, al cristianismo. Allí afirma Nietzsche retóricamente que su odio contra la modernidad puede ser llevado más lejos que su metafísica del artista Pero el romanticismo al que se refiere Nietzsche es el de Wagner, un fruto tardío y sin fuerza de aquel movimiento y de esa tendencia que es la *Frühromantik*, o antes de ésta el *Sturm und Drang*, y que es la primera fuente a la que cabe adscribir los temas del primer Nietzsche.

Así, en *El drama musical griego* el elemento romántico, entendido de este modo, se identificaría con esa aspiración al arte total a través de la música; una dimensión estética, por tanto, como en el caso romántico, así como con la vinculación de esa unidad y una naturaleza no mediada por la ciencia, que es también la de los románticos. Es lo que Nietzsche todavía llama, con léxico poco preciso, el impulso primaveral compartido por los pueblos ingenuos y la naturaleza entera, que sería lo propio de la tragedia y anuncia ya lo dionisíaco, aunque la referencia a Dionisos sea aquí todavía incidental y no esté desarrollada aún en su contraposición con Apolo. A su vez, ese elemento vendría dado precisamente con el coro, y con la música como aglutinante que confiere la unidad perdida a la obra. Más allá de las resonancias wagnerianas con que termina la conferencia, («lo que nosotros esperamos del futuro fue ya realizado hace dos mil años»), parece claro, por tanto, que con la expresión *drama musical griego* se apunta a una vieja tópica del primer romanticismo, que podríamos resumir en los siguientes puntos: búsqueda de unidad perdida a través del arte, reencuentro con la naturaleza como elemento unificador y desplazamiento según el modelo griego. Es evidente que lo que falta aquí en todo caso es el regreso al viejo Dios cristiano, o al viejo Dios sin más. Como quiera que sea, hay que recordar que ese regreso al viejo Dios es caracterizado por Nietzsche como el resultado de una cierta incapacidad de los románticos para mantener sus posiciones iniciales, y es por tanto un fruto tardío. Nietzsche menciona el romanticismo de los 30 bajo la máscara del pesimismo de los 50, refiriéndose, obviamente, a Schopenhauer, al resultado, diríamos, de una renuncia o de una derrota. En ese resultado tardío y en esa derrota, y no en las premisas, es donde Nietzsche se aparta del romanticismo. Coincidiría, en cambio, plenamente con la *Frühromantik*, es decir, con el momento anterior a ese retorno.

Vemos, pues, que en el *Drama musical griego*, Nietzsche se ha limitado a proyectar a finales de los 60 y comienzos de los 70, y en el campo de la estética y de la filología, determinadas concepciones preexistentes, vinculadas a una cierta lectura de Schopenhauer y de Wagner, y que en sí misma no aporta una novedad excesiva. Estamos todavía lejos del sentido último de *El nacimiento de la tragedia*. Nos faltan al menos dos elementos para tener las piezas fundamentales de esta última: a saber, la ineludible contraposición entre Apolo y Dionisos, y la emergencia del llamado espíritu socrático, que culmina el sentido final de la obra y es la que le da el sesgo definitivo.

En la siguiente conferencia, y en otros dos escritos más, *La visión dionisíaca del mundo* y *Sócrates y la tragedia griega*, se completa esa visión. Veamos, pues, lo que aporta la segunda conferencia.

La conferencia *Sócrates y la tragedia* fue leída un mes más tarde por Nietzsche, y al decir de sus propias palabras causó espanto, seguramente por la consideración que se hace allí del socratismo. En ella se abordan ya esos dos elementos que mencionábamos, aunque todavía no con nitidez suficiente por lo que hace a la cuestión de lo dionisíaco, que, aunque venga caracterizado con mayor detalle, no aparece todavía como uno de los polos de la dualidad clásica. Sí se avanza, en cambio, algo en lo relativo al socratismo, pero sólo a modo de esbozo. Dada la naturaleza del escrito —una conferencia— Nietzsche se limita a expresar las líneas fundamentales de una cuestión en la que está meditando profundamente y que todavía tiene que desarrollar.

El tema fundamental de este segundo escrito es la conocida tesis central de lo que luego será *El nacimiento de la tragedia*, a saber, que el arte griego encontró su manifestación fundamental en la tragedia, pero que la tragedia entró en una lenta agonía y decadencia cuyo momento culminante debe cifrarse justamente en la obra de Eurípides, con cuya concepción del arte se da paso a lo que se llamó nueva comedia ática. Vinculada a esta tesis central hay una segunda, de enorme importancia, tanto para el desarrollo posterior de Nietzsche como para la historia de la filosofía sin más. Esta segunda hipótesis se centra en la figura de Sócrates y en su protagonismo respecto de ese proceso de decadencia. Eurípides representaría en realidad lo que Nietzsche llama el socratismo estético, cuyo lema fundamental era: «todo ha de ser comprensible para ser bello». Más que Eurípides es, pues, Sócrates el que aparece como responsable de la decadencia y ruina de la tragedia, dado que Eurípides no hace otra cosa que trasladar el socratismo al ámbito del arte.

Para hacer posible este diagnóstico Nietzsche comienza por establecer una descripción de la tragedia misma y de su sentido como expresión de la helenidad, del auténtico espíritu de los griegos. Hay pues aquí un considerable avance respecto de la conferencia anterior. Como se recordará, esta pretendía mostrar cómo la música, en la medida en que permitía unificar en torno a ella las demás artes, posibilitaba un concepto de arte no escindido en todo opuesto a la concepción moderna del arte. Ahora va a tratar de explicarnos, de la mano de una peculiar visión del socratismo, cómo ese concepto y esa visión empiezan a arruinarse. En una primera aproximación parece, pues, que el socratismo, lo que Nietzsche llama aquí el socratismo, contiene un principio de modernidad, o al menos coincide con las tendencias estéticas consolidadas en la modernidad. Cabría decir que estamos implícitamente ante una teoría de la modernidad, si bien esbozada en el campo ideal de una determinada concepción de lo griego. Pero ante una teoría de la modernidad en cuanto crítica de la misma. A este respecto, en la edición a partir de la cual hemos hecho nuestra traducción, este escrito termina con un interrogante acerca de si realmente el drama musical está muerto para siempre o si puede revivir en la tragedia, en clara alusión a Wagner. Pero en una versión diferente, recogida por los editores en el aparato crítico, el texto continúa en estos términos: «y el que no comprenda la seriedad de esa pregunta, ése ha caído víctima del socratismo de nuestros días, que en todo caso ni es capaz de generar víctimas ni habla en el lenguaje del más sabio de los griegos. Ese socratismo es la prensa judía. No digo una palabra más»[13].

Los rasgos de ese socratismo se pueden resumir en dos elementos. Desde el punto de vista del contenido, el socratismo supone la introducción del intelectualismo y el desprecio del instinto, y por tanto un arte de la conciencia, un arte dialéctico, que se expresa y ejemplifica en Eurípides, precisamente porque, frente a la acción del héroe de la vieja tragedia, Eurípides ofrece la argumentación como el gran arma del héroe. Desde el punto de vista de la forma el socratismo afecta directamente a la pérdida de importancia de la música como elemento integrador y aglutinador de ese arte total, dirigido a un hombre no escindido, que era la vieja tragedia. Al margen de la sombra de Wagner, siempre presente, la relación inversa entre la música y el socratismo tiene una considerable importancia, precisamente porque es el intelectualismo el que, al expulsar a la música, parece provocar la escisión característica del arte moderno («la tragedia pereció a causa de una dialéctica y ética optimistas, ...a causa de una falta de música»), y que en el primer escrito ya encontrábamos como el motivo fundamental. Lo que este escrito supone, entonces, con respecto al anterior, es precisamente la hipótesis de que el socratismo es el que ha posibilitado esa eliminación del

---

[13] *KGW*, III, 5, 1, pág. 670.

elemento musical y es la verdadera causa de la decadencia. Este considerable avance con respecto a la primera conferencia viene a completar ese rasgo de romanticismo que habíamos adscrito a Nietzsche, pero lo hace mediante la apelación a Sócrates. Pero a la vez esa operación tiene una decisiva consecuencia, pues lo que hace es desplazar y proyectar la cuestión desde el ámbito de la estética al de la filosofía o incluso al de la cultura en general, a pesar de que Nietzsche pretenda todavía mantenerse en el ámbito del arte y de la estética.

¿Pero de dónde ha obtenido Nietzsche un esquema semejante? ¿Por qué hace descansar sobre Sócrates todo el peso de la decadencia de la tragedia, de la que todavía, por cierto, no ha dado en este escrito una descripción completa de su sentido fundamental en términos de apolíneo-dionisíaco, y de la que sólo posee por el momento la caracterización contenida en los términos ya señalados en *El drama musical griego*? Éste es uno de los grandes problemas de interpretación de estas primeras obras de Nietzsche. En realidad hasta este momento no poseemos todavía una clara contraposición entre lo apolíneo y lo dionisíaco, y sí más bien sólo la contraposición entre la antigua tragedia y la nueva comedia ática, forma decadente a partir del socratismo de Eurípides[14], que según hemos visto es un trasunto de la contraposición entre una concepción del mundo representada por la tragedia, y que recoge motivos que provisionalmente hemos agrupado como románticos, pero que en realidad recogen una vieja tradición antimoderna, y otra representada precisamente por la modernidad. El hecho de que Sócrates deba representar a esta última no ha de ser

---

[14] A diferencia de lo que ocurre en la versión publicada de *El nacimiento de la tragedia* en la que el contenido del trabajo sobre la visión dionisíaca del mundo se incorpora como antecedente de lo relativo a Sócrates. En esta obra, pues, Nietzsche ha reorganizado los materiales desde un punto de vista sistemático, pero en su pensamiento es anterior la cuestión relativa a Sócrates.

gratuito, y más allá de motivos filológicos ha de descansar seguramente en algún motivo profundo.

Si se acude a la tradición que, por hipótesis, hemos establecido que es la de Nietzsche, lo que se encuentra es precisamente lo contrario de la descripción de Nietzsche. En 1759 aparece un escrito de Hamann con el título *Hechos memorables de Sócrates*. En él defiende que el daimon socrático es el prototipo del genio irracional y utiliza precisamente a la figura de Sócrates para arremeter contra el racionalismo de la Ilustración[15]. De hecho a partir de esa visión de Sócrates construye Hamann toda una teoría del no saber que culminará en la no-filosofía de Jacobi. Nada más alejado en principio del uso que hace Nietzsche de Sócrates, que se convierte en su obra en el prototipo de la conciencia y del intelectualismo ilustrado. Nietzsche se hace cargo del daimon socrático como un argumento a favor de su consideración del socratismo. En *Sócrates y la tragedia* nos dice precisamente que el daimon le hace crítico, es decir, el instinto le hace crítico, invirtiendo así la posición normal, en la que lo crítico es la conciencia y lo instintivo es lo creador. Era este un elemento insoslayable, pues a todas luces el daimon socrático incorporaba un elemento irracional. Nietzsche lo resuelve con gran habilidad, y lo completa además con el relato relativo a la música tomado del *Fedón*, según el cual Sócrates era impelido a hacer música desde una aparición reiterada en sus sueños. La cuestión tiene una considerable importancia si tenemos en cuenta que en Hamann el daimon es la representación de lo irracional frente a los sofistas. Y no deja de ser llamativo que Nietzsche pase de puntillas sobre éstos, a los que ni siquiera menciona en la

---

[15] Un análisis detenido del sentido de esa obra y de su inserción en una tendencia que recorre Alemania a lo largo del XIX, puede encontrarse en J. Schmidt, *Die Geschichte des Genie-Gendankens in der deutschen Literatur, Philosophie und Politik*, 1750-1945, Darmstadt, WBG, I, págs. 100 y sigs.

primera versión del escrito y a los que sí incorpora después en la versión más larga que pasó integra a *GT*. No deja de ser llamativa esta escasa atención prestada por Nietzsche a los sofistas, sin los cuales apenas se puede entender la emergencia del propio Sócrates. Y esto especialmente teniendo en cuenta que, más allá del hombre Sócrates, lo que a Nietzsche le interesa destacar es la tendencia socrática que se habría apoderado de la tragedia antes del propio Sócrates. Se trata de una laguna importante que en parte puede ser debida al estado de la filología en ese momento, pero que sobre todo puede interpretarse como una dificultad de Nietzsche a la hora de componer su teoría de la tragedia. Ciertamente los sofistas son a la vez prototipos del hombre teórico, pero también el fondo frente al que crece y evoluciona la contrafigura de Sócrates. Ocuparse de ellos era un asunto espinoso, toda vez que no podían asimilarse fácilmente al socratismo, ni tampoco podían encajar fácilmente en el contexto del arte trágico. De hecho la alusión que mencionamos, y que está luego recogida en *GT* 13, vincula a los sofistas con la Ilustración, y recoge la imagen de Sócrates ofrecida por Aristófanes como un sofista ilustrado más que introduce la decadencia en el mundo griego. De esa imagen dada por Aristófanes sólo nos dice que los modernos no soportan ver convertido a Sócrates en un sofista, y que es por ello por lo que consideran a Aristófanes un Alcibíades de la poesía, para afirmar finalmente que no puede ocuparse en ese momento de defender a Aristófanes de tales acusaciones. Hubiera sido interesante saber a partir de qué bases podía Nietzsche organizar esa defensa, sobre todo teniendo en cuenta que en otros lugares juega a contraponer a Sócrates con la ciudad de Atenas al hilo de la condena del primero.

En todo caso, para Nietzsche no podía resultar fácil esta cuestión si tenemos en cuenta que en la tradición contrailustrada de la Alemania del xviii los sofistas representan el modelo de Ilustración que él quiere atribuir a Sócrates y al socratismo como causa de la decadencia. Acabamos de ver, en cambio, cómo Sócrates se presenta a su vez como la figura que, vinculada a la idea del genio, puede romper con esa tradición. Para Nietzsche es el compendio de la Ilustración y de la sofística[16]. Es ésta una de las preguntas claves del tema que nos ocupa, y a la vez la razón de la ambigüedad con que Sócrates mismo es tratado en la obra de Nietzsche. Pero no parece que esto pueda ser resuelto hasta tanto no aclaremos un nuevo elemento que se incorpora a *GT*: la contraposición entre Apolo y Dionisos en el seno de la tragedia griega. Esta contraposición estaba ya dada en Schelling, un autor que además facilita, como veremos, una inversión en el tratamiento de Sócrates, y en términos tales que, incluso permite entender la ambigüedad hacia su daimon.

Para el lector de la versión publicada de *GT* la oposición entre Apolo y Dionisos aparece como la idea principal y como la fundante del resto de la obra, pero lo cierto es que en la génesis del pensamiento de la obra, tal como aparece y se puede seguir cronológicamente en los escritos que aquí presentamos, es el último elemento en incorporarse, y como tal no añade nada a la traza argumental de las ideas de Nietzsche. Lo que hace es ilustrar la idea básica de esa contraposición entre lo moderno-ilustrado (es decir lo socrático-teórico) y lo irracional antiilustrado depositado en la idea del genio. Esta idea básica se presenta en los dos primeros escritos, mientras que la contraposición apolíneo-dionisíaco aparece en el tercero bajo el título *La visión dionisíaca del mundo*. Casi un año posterior a este escrito es ya la versión ampliada de *Sócrates y la tragedia*, bajo el título *Sócrates y la*

---

[16] En todo caso, lo que esto revela es, como decíamos, una laguna importante, una deficiencia sobre la que cabe especular. Pero más allá de esta cuestión, que parece darle la razón una vez más a Wilamowitz, lo que pone de manifiesto es que Nietzsche juega con un viejo esquema de la contrailustración alemana, el que opone el pensamiento del genio a la tendencia ilustrada, y que es ahí donde cabe buscar el origen último de la contraposición entre apolíneo y dionisíaco.

tragedia griega, y que incorpora como hemos señalado a la edición de *GT*.

Sigue hoy siendo un tema de debate la pregunta por las fuentes de las que Nietzsche toma esa oposición entre apolíneo y dionisíaco, pero en lo que hay acuerdo es que esa contraposición está tomada de la literatura alemana que se ha dado en llamar filología romántica. Por su parte, ésta bebe de la estética del primer romanticismo, de Schlegel, del mismo Schiller, o incluso de Schelling. Pero a su vez estas son las ideas que flotan en el ambiente en el que Schopenhauer forjará su concepción del arte, y que indudablemente tiene Nietzsche presentes. Es claro que la contraposición tal como es manejada por Nietzsche es novedosa, en la medida en que la reelabora de modo creativo, tanto que incluso la concepción misma resulta ambigua y oscilante. En lo que sigue trataremos de analizar qué elementos incorpora Nietzsche a fin de comprender su proyección sobre el socratismo. Nuestra hipótesis es que Nietzsche, después del escrito sobre *Sócrates y la tragedia*, donde ha presentado la decadencia de la misma en la figura de Sócrates, se ve forzado a ofrecer una teoría de la tragedia en la que ésta aparezca tal como es constituida antes de la decadencia. Es lo que hace en *La visión dionisíaca del mundo*, donde aparece ya la archiconocida contraposición. Al hilo de las conclusiones obtenidas en ella, Nietzsche se ve obligado a su vez a reconstruir su escrito sobre Sócrates, siendo fruto de ello la versión *Sócrates y la tragedia griega*, cuyas modificaciones con respecto a *Sócrates y la tragedia* van de la mano de la incorporación de esos elementos. Sólo entonces Nietzsche considera ya estar en posesión del escrito que finalmente dará a la prensa.

Como tal esa contraposición obedece a la misma raíz y tradición que venimos de analizar y nos sitúa en la concepción del genio de la llamada *Frühromantik*, donde ya aparece como un tópico fuertemente implantado la figura de Baco-Dionisos en contraposición a Apolo. Esa tradición, que enlaza a un Klopstock, Herder, Hamann y el joven

Goethe, llega hasta Schlegel y pasa de éste a Schelling, del que todavía se encuentran huellas en Schopenhauer, ensalza ya la idea de lo creador por recurso al éxtasis. El propio Hamann habla de los cantos ditirámbicos y de los misterios de Eleusis como la instancia de la que bebe el genio, un motivo en el que Goethe, uno de los autores más citados por este primer Nietzsche, insiste de modo reiterado. Por lo demás, la contraposición de dos polos en el ámbito de la estética es un juego, cuyo ejemplo más claro encontramos en Schiller, entre lo *naiv* y *sentimental*, que dejó una huella perdurable, y del cual todavía se hace eco Nietzsche, que en distintos momentos habla de los pueblos ingenuos en una clara alusión a esa terminología, y que no deja de citar a Schiller en *La visión dionisíaca del mundo*, y en *GT*.

Pero esa contraposición, aunque en sí misma no se corresponde desde luego con la establecida entre lo apolíneo y dionisíaco, posee la virtualidad de recoger un elemento kantiano que tiene un hondo eco en Schopenhauer, a saber, la discusión en torno a lo sublime en el arte. Que éste es el fondo de ideas que late bajo la contraposición de Nietzsche nos parece evidente si tenemos en cuenta que la noción misma de lo sublime reelaborada por Nietzsche es un elemento del que éste hace surgir el arte trágico. En efecto, bien mirado, *La visión dionisíaca del mundo*, no contiene otra cosa que una teoría de la tragedia en la que lo dionisíaco aparece transfigurado en forma de arte, es decir, aparece simbolizado y convertido en soportable a través de la apariencia y del límite apolíneo. Con frecuencia se olvida a este respecto que la tragedia es la fusión de ambos, y no sólo el elemento dionisíaco, que por cierto, el propio Nietzsche considera como venido de Asia. Es más, la diferencia fundamental que Nietzsche establece entre ese elemento presente en otros pueblos y Grecia es la capacidad de este pueblo para simbolizar, hacer arte de ese elemento, lo que logra precisamente a través de Apolo. Resuenan aquí ecos claros del Schiller de las *Cartas sobre la educación estética del hombre*, y no sólo de la concepción artística de

41

Schopenhauer, o por mejor decir, resuena Schiller a través de Schopenhauer. Nietzsche no puede ser más claro a este respecto: «sobre todo se trataba de transformar ese sentimiento de asco ante lo terrible y lo absurdo de la existencia en representaciones con las que se pudiera vivir: estas representaciones son lo sublime como artística domesticación de lo terrible...».

IV. Nietzsche lector de Schelling

Ahora bien, esa tradición en ocasiones dispersa y deliberadamente fragmentaria de la *Frühromantik* y del primer romanticismo encontró un filósofo que enlaza ya con el romanticismo, que se ocupó de modo reiterado durante décadas de estas cuestiones, y que, en cierto modo sintetiza en su trayectoria algunos de los aspectos que venimos señalando. Nos referimos a Schelling. No parece posible que un escrito sobre la tragedia haya podido obviar en la Alemania de finales de los 60 la obra de Schelling, si tenemos en cuenta que la edición de sus obras preparada por su hijo salió al mercado entre 1856 y 1861, y que es notorio en ella el interés por la mitología, así como el tratamiento que se hace allí de la figura de Dionisos por parte del Schelling tardío[17]. En esa edición de las obras de Schelling podía

---

[17] Dentro de la relativa escasez de literatura acerca de las fuentes del primer Nietzsche, Schelling ha merecido siempre alguna atención. Así, un buen conocedor del Schelling tardío como es Habermas no deja de citarlo en *El discurso filosófico de los modernos* (cfr. *Der philosophische Diskurs der Moderne*, Fráncfort, Suhrkamp, 1985). En la obra citada de Manuel Barrios se ofrece una orientación del estado de la cuestión (cfr., entre otros lugares, ob. cit., págs. 132-133). Un estudio reciente de la cuestión puede encontrarse en J. E. Wilson, *Schelling und Nietzsche*, Berlín, Walter de Gruyter, 1996. En todo caso, la relación suele establecerse con la filosofía tardía de Schelling y con respecto a la oposición Apolo-Dionisos, que resulta innegable, y menos en otros aspectos relativos al arte y la tragedia, tal como los recoge la *Filosofía del arte*.

leerse también su *Filosofía del arte*, que recogía todos los tópicos del primer romanticismo sobre el arte, y en particular sobre la tragedia. Pues bien, en este último escrito y en la *Filosofía de la mitología* encontramos claramente expresados algunos de los elementos que utiliza Nietzsche, y como veremos no sólo en lo que respecta a la visión dionisíaca del mundo y a las grandes concepciones acerca de lo apolíneo y dionisíaco[18], o al papel de Eurípides en la decadencia tragedia, sino que prácticamente podemos encontrar analogías en la mayor parte de los elementos y argumentos con los que Nietzsche construye la obra. El lector de esta edición de *El pensamiento trágico de los griegos* podrá encontrar en nuestras anotaciones a los textos de Nietzsche correspondencias, en muchos casos sorprendentes, entre la argumentación de Nietzsche y lo dicho y pensado por Schelling en distintos lugares. Hasta el punto de que estamos en el límite de lo que podría considerarse un plagio. Si no nos atrevemos a utilizar esta expresión es por tres razones. La primera, porque el genial talento creador de Nietzsche le da sin duda un toque original a todo aquello de lo que se apropia, la segunda, porque esa primera publicación de Nietzsche ya está demasiado cargada de polémica como para añadir una nueva a estas alturas, y la tercera por pura prudencia, dadas las dificultades que ese término tiene, y lo difícil de su determinación. Lo cierto, es, sin embargo, que prácticamente todos los elementos teóricos de los escritos de Nietzsche encuentran un antecedente y una correspondencia en Schelling, y a veces no sólo en términos generales, sino en

---

[18] Como tal, es ya casi un lugar común ese antecedente de lo dionisíaco en Schelling, Hölderlin, Novalis, etc. (cfr., por ejemplo, Habermas, ob. cit., pág. 114). A nuestro entender la cuestión va mucho más allá de una preexistencia más o menos vaga en cuanto al tono, sino que en la precisión misma del concepto, e incluso en su contraposición a Sócrates, y en su juego respecto de la tragedia, hay una importante deuda hacia Schelling, como en otros muchos aspectos que el lector podrá corroborar mediante indicaciones que hemos ido recogiendo en notas a los textos de Nietzsche y en esta Introducción.

ocasiones incluso en el detalle o en la anécdota. A nuestro entender este hecho ha quedado en parte oscurecido por la reelaboración de esos materiales que da lugar a *El nacimiento de la tragedia,* desde la cual en gran medida se oculta su procedencia. La presentación de éstos, tal como van surgiendo en el tiempo, que ofrecemos en esta edición, facilita mucho el reconocimiento de dicha procedencia y de su progresiva incorporación. En lo que sigue vamos a detallar algunos aspectos que evidencian esa deuda más que notable hacia Schelling. En todo caso, como decimos, el lector de la presente edición encontrará en notas a pie de página los distintos momentos de los textos de Nietzsche en los que la influencia de Schelling parece obvia, a pesar de que no esté citado en ningún momento por Nietzsche.

Para empezar, nos parece ineludible transcribir un texto de *La filosofía del arte* de Schelling, en la que se hace una descripción del drama, que sin duda resultará familiar a los lectores de Nietzsche:

> Quiero observar aún que la composición más perfecta de todas las artes, la reunión de poesía y música por el canto, de poseía y pintura por la danza, es sintetizada a su vez en la manifestación teatral más compleja que fue el drama de la antigüedad, del que sólo nos ha quedado una caricatura, la ópera, que, con un estilo más elevado y noble por parte de la poesía así como de las demás artes concurrentes, podría conducirnos de nuevo a la representación del antiguo drama combinado con música y canto[19]

---

[19] F. W. J. Schelling, *Filosofía del arte,* traducción de Virginia López Domínguez, Madrid, Tecnos, 1999, I, 5, pág. 736. La página es la de la edición alemana de obras del hijo de Schelling (en lo sucesivo citada como *SW),* correspondiente al volumen 5 de la primera sección, y que es también recogido en la versión española, que seguimos en nuestras citas. Para otras obras de Schelling los criterios en cuanto a la paginación obedecen al mismo criterio.

Mas allá de que prácticamente este texto podría haberlo suscrito el mismo Nietzsche como síntesis de su descripción del drama, eliminando acaso algún pequeño matiz, lo cierto es que encontramos incluso una comparación con la ópera moderna a la que Schelling califica de caricatura, que es exactamente la misma expresión que hemos visto utilizar al Nietzsche de las primeras páginas de *El drama musical griego*. La cita se cierra con una apelación al futuro, que es también el modo como termina Nietzsche su conferencia, en clara alusión a la esperanza que ha depositado en la forma wagneriana. Y no parece posible que al afrontar el origen de la tragedia griega haya podido omitir Nietzsche esta obra, no sólo por lo relativamente reciente de la reedición de la misma, como dijimos ya, sino, sobre todo, porque sus escritos están plagados de referencias estéticas procedentes de contemporáneos de Schelling, y especialmente, porque, como veremos, las coincidencias son tan estrechas que es prácticamente imposible que resulten casuales.

Hasta ahora hemos tenido ocasión de mencionar alguna de esas coincidencias en aspectos que podrían parecer a primera visa superficiales o demasiados generales y que, prácticamente, constituían un lugar común de la estética del círculo romántico acerca de la tragedia griega. En particular, tanto en *GMD* como en *ST*, hemos visto aparecer motivos que cumplen esas condiciones: la concepción general acerca de Grecia, acerca de la poesía como arte unificador, la intención fundamental de reunificación con la naturaleza, incluso una primera aproximación al papel de Eurípides como transición hacia la nueva comedia ática a través de su vinculación con Sócrates. Pero con todo ello estamos todavía lejos de la configuración final de Nietzsche, tal como ésta aparece en *GT*. Para llegar a ella es preciso incorporar todavía algunos elementos. En particular ya hemos avanzado como decisiva la introducción de la contraposición entre apolíneo y lo dionisíaco, en la medida en que la imagen que recibe el lector de *GT* parece depender en todo de ese esquema. Nuestra hipótesis es que esa contraposición está ya dada en el clima intelectual del que es heredero Nietzsche, tal como vimos, pero que no está suficientemente desarrollada a comienzos del 70. Sólo a partir de febrero, fecha de *ST*, y a partir de los elementos contenidos en esa conferencia, se ve impelido Nietzsche a completar y profundizar en ese esquema implícito, a fin de dar una teoría general de la tragedia con arreglo a un principio dual análogo a la contraposición entre lo ingenuo y lo sentimental de Schiller. Ese principio es precisamente el que estructura ya en *La visión dionisíaca del mundo*, de junio de 1870. A su vez, el contenido de lo allí pensado y estructurado afecta a las reflexiones previas contenidas en las dos conferencias del invierno de ese mismo año. Y es esto lo que explica la reformulación de la segunda como *SGT* del 71, que junto con *DW* acabarán por constituir finalmente el núcleo de *GT*.

Pues bien, si la presencia de Schelling se podía detectar ya en las dos primeras conferencias, donde se concreta y se completa es precisamente en *DW* y en la evolución posterior a partir de ese escrito[20]. A efectos de nuestro análisis vamos a establecer dos niveles: el primero relativo a lo que podríamos considerar la estructura profunda del escrito, es decir, al contenido de lo pensado, al juego de los conceptos fundamentales en torno a los que se articula y a la noción misma de la tragedia, y el segundo relativo a la forma externa de esos elementos, es decir, al hecho de que esos elementos reciban, por ejemplo, los nombres de apolíneo y dionisíaco, al modo como Sócrates se incorpora en ese esquema, etc.

La contraposición misma, más allá de los nombres de Apolo y Dionisos, apunta en Nietzsche a una concepción de la tragedia como momento culminante del arte griego a través de dos elementos. El primero de ambos, aquel im-

---

[20] En nuestras notas a *ST* y *SGT* pueden apreciarse los elementos coincidentes en cada una de ellas.

pulso primaveral e ingenuo, próximo a la naturaleza, remite a un universo preconsciente e irracional, cercano al caos y a la desmesura, procedente del universo oriental, y que ya vimos caracterizado en *GMD*. Lo que Nietzsche afirma es que ese elemento, procedente de Asia, fue incorporado a una concepción apolínea previa, que sería la dominante hasta entonces en el espíritu griego, y que de esa fusión surge justamente la obra de arte. Pero surge precisamente porque el elemento que llama apolíneo supone una limitación de la desmesura característica del elemento foráneo. En cierto modo esa oposición inicial de ambos elementos, más allá del nombre, hace referencia al tema clásico de lo bello y de lo sublime. Ya vimos en su momento, en la caracterización todavía incompleta de *GMD* como lo propio del drama musical es ese elemento caótico e irracional, ese impulso primaveral. Pero ahí la caracterización del drama musical era todavía embrionaria, y había puesto el énfasis en el elemento dionisíaco, aunque sólo menciona una vez el término. Después de haber estudiado ya la tragedia en la segunda conferencia, y de haberse ocupado de su supuesta decadencia, descubre que junto a ese elemento está implícito otro, que ni siquiera había sido mencionado, y que es el que define la emergencia misma de lo bello griego. Ésta es la auténtica novedad frente a los escritos anteriores, y es a su explicación a la que se dedica la mayor parte de los primeros parágrafos.

Esa coexistencia muestra el momento supremo de lo griego. Originariamente sólo Apolo es un rey del arte griego, y su poder fue el de contener el de Dionisos, procedente de Asia, en una medida tan amplia como para que pudiera surgir un hermanamiento entre ambos. Aquí se comprende del modo más fácil el increíble idealismo del ser helénico: a partir de un culto a la naturaleza, que entre los asiáticos significa la liberación más grosera de los bajos instintos, una vida animal de promiscuidad, que durante un tiempo hace saltar todos los lazos sociales, se convirtió entre los griegos en una

47

fiesta de salvación del mundo, en una jornada de transfiguración. Todos los impulsos sublimes de su ser se manifestaron en esa idealización de la orgía.

Más allá, pues, de los nombres y de su respectiva función encontramos que el elemento sublime aparece ahora como idealizado a fin de hacer posible la tragedia. Esta idea fundamental, en la que Nietzsche abunda, y en torno a la cual gira el escrito, es en realidad un trasunto de la estética de Schiller, leída por Schelling. En efecto, Schelling en el lenguaje metafísico de su sistema, que a su vez se hace eco de Kant y Schiller, nos viene a decir que lo bello y lo sublime don dos modos de coordinar lo infinito y lo finito, donde Apolo es la forma más característica de lo bello en cuanto que es la que contiene más limitación, frente a la intuición del caos que sería lo sublime[21]. Pero a continuación nos dice Schelling que esos dos principios de lo bello y lo sublime se coordinan entre sí como lo ingenuo y lo sentimental en Schiller[22], y que propiamente hablando la poesía tomada en términos absolutos no es ni lo uno ni lo otro, sino la fusión de ambos, lo que ejemplifica precisamente en el drama, y en concreto en Esquilo, o incluso en Shakespeare[23].

En un segundo momento Nietzsche debe explicar cómo se lleva a cabo esa fusión entre lo ideal y lo *natural* dionisíaco, y que es el momento supremo de la helenidad. Esa explicación es precisamente la del proceso mismo de formación de la tragedia. Para ello acude a la función de las divinidades, entendidas como instrumento estético, frente al horror de la existencia. Éstas aparecen como un velo transfigurador desde la fantasía, y que como tal hace soportable la existencia. De hecho el escrito se inicia con una frase reve-

---

[21] *Filosofía del arte*, 461 y sigs.
[22] Cfr. ídem, 471.
[23] Cfr. ídem, 473.

ladora a este respecto: «los griegos que en la doctrina de sus dioses revelan y esconden su visión secreta del mundo...». Pero es en el segundo parágrafo donde se desarrolla con todo detalle una concepción de la divinidad griega como ese elemento mediador que permite idealizar lo terrible. Allí nos ofrece una descripción de las divinidades griegas, en contraposición con las de otras religiones, como una producción artística dirigida a hacer soportable la existencia, en términos muy próximos a la concepción básica del arte en Schopenhauer. «En los griegos la voluntad misma quería verse transfigurada en obra de arte. Para glorificarla, sus criaturas debían percibirse a sí mismas a la vez como glorificadas, debían verse de nuevo en una esfera más elevada, debían ascender en cierto modo hacia lo ideal, sin que ese mundo de la intuición actuase de nuevo como imperativo o reproche. Con este arma luchó la voluntad helénica contra el talento correlativo al artístico, el del dolor y la sabiduría del dolor. De esa lucha y como monumento a su victoria nació la tragedia griega.»

Una función análoga asigna Schelling a las divinidades. Para él la mitología griega es ante todo poesía, es decir, arte supremo[24], que por eso mismo llama idealista frente a la cristiana[25], una religión que no es ya artística. Y en este sentido, después de afirmar que «toda la historia antigua puede ser considerada como el *período trágico* de la historia»[26], añade que en Roma «se realiza la traición a todo lo bello y magnífico de la antigüedad». La misma idea que podemos encontrar en Nietzsche, para el que la comprensión errónea de lo griego depende precisamente de pueblos semibárbaros como el romano.

Precisamente en virtud de su naturaleza artística, lo decisivo de esas divinidades griegas es su capacidad transfigu-

---

[24] Cfr. ídem, 416,
[25] Cfr. ídem, 424
[26] Ídem, 429. La cursiva es nuestra.

radora, que se explica por el hecho de que son un producto de la fantasía[27]. También por esa razón, como en Nietzsche, carecen de ese elemento de culpa y, en general, de cualquier atribución moral.

Tras la presentación del mundo olímpico como producto artístico, y conforme al elemento apolíneo, Nietzsche da un paso más para hacer surgir la tragedia justamente allí donde ese mundo olímpico recibe a ese huésped oriental que es Dionisos.

> ¿Cómo salvó Apolo a la helenidad? Al nuevo huésped se le trasladó al reino de la apariencia, al mundo olímpico...Nadie hizo jamás tantos cumplidos a un extraño ... *(hostis* en todo el sentido del término) y suficientemente fuerte como para destruir la casa del anfitrión... Dionisos penetró en todo, también en el arte.

Y más adelante nos dice: «Aquí se alcanza la frontera más peligrosa que la voluntad griega podía permitir desde su principio fundamental optimista y apolíneo.... Aquí actuó de nuevo para contrarrestar ese estado de ánimo negativo. Su instrumento fue precisamente la obra de arte trágica.» En este momento es en el que Nietzsche avanza hacia esa concepción del arte trágico como fusión entre lo apolíneo y lo dionisíaco, y que inmediatamente caracterizará en términos de lo sublime «como domesticación artística de lo terrible».

Por su parte Schelling, que no menciona siquiera a Dionisos en este escrito, pero que sí lo hará en términos sorprendentemente análogos en obras posteriores, y además, como veremos, desde una reiteración casi obsesiva de su carácter oriental, define la esencia de la obra dramática a partir de la fusión de aquellos dos principios tomados de Schiller, lo ingenuo y lo sentimental, pero después de afir-

---

[27] Cfr. parágrafo 31 de la *Filosofía del arte* de Schelling.

mar que esa oposición es en realidad paralela a la que se da entre lo sublime y lo bello. En efecto, para él, lo característico de la tragedia está precisamente en que se reúne en ella lo sublime y lo bello, por eso «Sófocles resulta bello en relación con Esquilo, pero considerado en sí mismo aparece como una unión indisoluble entre lo sublime y lo bello[28].

Dando un paso más, el parágrafo 3 de *DW* de Nietzsche está dedicado precisamente a mostrar cómo se realiza esa fusión de lo sublime y la forma en Esquilo y Sófocles. Y de nuevo la caracterización que nos ofrece de ambos tiene su paralelismo en consideraciones análogas de Schelling, sólo que ahora en otro lugar de su *Filosofía del arte*, precisamente en el dedicado a la tragedia en la parte especial de su escrito.

Lo que Nietzsche afirma como el rasgo propio de Esquilo es que en él lo sublime se da en la superioridad de la justicia olímpica, conciliada además con la felicidad, pues ambas se dan «indisolublemente unidas», mientras que en Sófocles se da en «lo impenetrable» de esa justicia. Respecto de lo primero nos dice Schelling, después de una serie de consideraciones sobre la relación entre la justicia y la desdicha: «La tragedia también puede terminar con la reconciliación plena, no sólo con el destino, sino incluso con la vida, como se reconcilia Orestes en la *Euménides* de Esquilo»[29]. Mientras que antes nos ha dicho, a partir del *Edipo* de Sófocles, que éste «no descansa hasta desenrollar toda la madeja y traer a la luz toda la *insondable* fatalidad».

Pero Nietzsche completa su descripción de la diferencia entre ambos señalando la tendencia a la lucha continua por parte del héroe de Esquilo, frente a una cierta pasividad del héroe de Sófocles, precisamente porque «en él ese estremecimiento es mayor porque aquella sabiduría es totalmente *insondable*». Schelling, que, como hemos visto, ha caracteri-

---

[28] Cfr. ídem, 469.
[29] Ídem, 698

zado el triunfo del Edipo de Sófocles en ese reconocimiento de lo insondable, afirma del Prometeo de Esquilo que éste expresa su dolor no como sumisión, sino «como rebelión, como obstinación» frente a esa misma fatalidad. Es ese reconocimiento de lo insondable, frente al activismo del héroe de Esquilo, lo que daría la superioridad moral a la tragedia de Sófocles, según Schelling. Y para confirmarlo cita el siguiente texto de un coro de Sófocles: «...quiere la suerte llegar a mí, a fin de conservar la piadosa santidad en las palabras para las cuales están establecidas las leyes sublimes, nacidas del éter celestial, cuyo único padre es el Olimpo...» Piedad y santidad son justamente los términos con los que Nietzsche caracteriza a Sófocles por contraste con Esquilo. «Es el ánimo de la más pura piedad», nos dice refiriéndose a Sófocles. Y unas líneas más abajo: «la piedad, he aquí la más increíble máscara del impulso vital».

Después de esta descripción del ejemplo de los dos trágicos, Nietzsche está ya en condiciones de sintetizar el verdadero sentido de la tragedia: «glorificación y transfiguración de los instrumentos del temor y de lo terrible de la existencia como medio de salvación de la existencia misma. Plena alegría de vivir en el desprecio por la vida misma. Triunfo de la voluntad en su negación misma». En el lenguaje de Schelling, que depende de la estética de Kant y Schiller, podemos encontrar esta misma idea que Nietzsche expresa en el de Schopenhauer: «es la idea máxima y el triunfo supremo de la libertad, soportar voluntariamente el castigo...para probar con una pérdida de libertad esa libertad misma».

Ahora bien, ese triunfo de la alegría de vivir en el desprecio de la vida, que es lo propio de tragedia, es posible en Nietzsche precisamente porque «la lucha entre ambas formas de manifestación de la voluntad tenía un objetivo extraordinario, el de crear una más elevada *posibilidad de la existencia*... el arte trágico... Apolo y Dionisos se han reunido en él». O como dice en otro lugar: «ambas divinidades resultaron vencedoras en su combate».

En el comienzo mismo de su tratamiento de la tragedia afirma Schelling: «Lo esencial en la tragedia es entonces un conflicto real de la libertad en el sujeto y de la necesidad más objetiva, pero ese conflicto no termina con la derrota de una u otra, sino que ambas aparecen vencedoras y vencidas a la vez»[30]. Una vez más encontramos la misma idea, pero de nuevo expresada en la metafísica propia de Schelling frente a la de Schopenhauer, que es la que da el tono al escrito de Nietzsche.

Pero con lo dicho no queda enteramente reconstruida, en sus requisitos básicos, la concepción que Nietzsche ofrece en *La visión dionisíaca del mundo*. Porque el último elemento, igualmente decisivo en lo que hace a completar la concepción de la tragedia allí operante, y en consecuencia también la del pensamiento trágico, es precisamente el papel asignado a la música. En lo que sigue, en el capítulo 4, Nietzsche incorpora ese nuevo elemento, que es el que traduce esa fusión esencial de la tragedia: la música. Todo el capítulo es una explicación del papel de la música en este ámbito. El papel primordial asignado a la música como arte supremo es característico de Schopenhauer, y en el comienzo mismo del capítulo hay una referencia directa a éste. En Schelling ese papel primordial lo representa la poesía, entendida en un sentido amplio, en una concepción que, como vimos, es propia del romanticismo. Y es en este mismo sentido, como expresión de la unidad de todas las artes, según vimos, como lo considera Nietzsche. Sin embargo, en el interior de ese concepto de lo poético, cuya máxima expresión sería a su vez la tragedia, a la música le corresponde una función esencial, la de realizar el tránsito desde la apariencia al símbolo: «¿qué es lo que hace vencer al poder de la apariencia y la hace desfallecer hacia el símbolo? Ese poder es la música». Así cierra Nietzsche el capítulo 3 de *DW*. Lo que sigue a partir de ahí es una explica-

---

[30] Ídem, 693.

ción del proceso mediante el cual la música puede al pensamiento y es, de este modo, capaz de hacer que la poesía alcance una nueva esfera, para convertirse en pensamiento trágico. «Dividida entre esos dos mundos la poesía alcanza una nueva esfera. A la vez sensibilidad de la imagen como en la épica, y embriaguez sentimental del sonido como en la lírica.» Más allá de la apariencia, lo que la música posibilita es el símbolo, y un símbolo capaz de expresar la esencia de la cosa que es inalcanzable para el pensamiento. No es que el pensamiento y la apariencia no lo hagan, es que no lo hacen con potencia suficiente. Un pensamiento «pronunciado, es decir, con la simbólica del sonido, actúa de forma incomparablemente más poderosa y directa».

Las páginas que Schelling dedica a la música están presididas por la misma idea, que expresa con palabras parecidas, y que determinan el desarrollo posterior de sus reflexiones sobre ese arte. En el parágrafo 77 de su *Filosofía del arte*, establece Schelling el siguiente principio: «la forma del arte en la cual la unidad real puramente como tal se hace potencia, símbolo, es la música». Lo que falta en Schelling, más allá de una sorprendente analogía en sus observaciones sobre el ritmo como primera figura musical, es ese desarrollo de los procesos psicológicos para los que Nietzsche estaba tan bien dotado, y que por lo demás carecían de sentido a comienzos del XVIII, esa visión de filólogo, de lingüista casi, que Nietzsche desarrolla en ese capítulo y que anticipan algunas de las tesis contenidas en *Sobre verdad y mentira en sentido extramoral*.

Porque, en efecto, allí Nietzsche se detiene, por así decirlo, en una explicación casi psicológica del proceso mediante el cual se logra ese efecto fundamental simbólico de la música, mientras que las ideas generales en torno a las relaciones entre la música y la tragedia las había ofrecido ya en la primera conferencia. Allí había afirmado que precisamente el canto coral, cuyo mecanismo para influir en los estados de ánimo explica en *DW*, era el origen mismo del drama musical. En ese contexto desprecia la armonía y da predominio a la melodía, en contraste con los modernos: «no es éste el lugar para indicar qué pensamiento ético reside en la música monódica del coro griego, y que constituye la más poderosa contraposición frente al desarrollo musical cristiano, en el que la armonía, el verdadero símbolo de la mayoría, dominó tanto tiempo que la melodía estuvo totalmente escondida». Aunque eso era ya entonces un lugar común, al menos desde Rousseau, no deja de ser llamativo que también Schelling se extienda en consideraciones análogas. Así afirma: «lo que predomina en la música moderna es la armonía, que es lo opuesto a la melodía rítmica de los antiguos»[31]. Y más adelante, como Nietzsche en distintos lugares, compara a Sófocles con Shakespeare, dominando en el primero la melodía, y la armonía en el segundo[32]. Citando a Rousseau nos recuerda Schelling, en el mismo sentido, que el único vestigio que nos queda de la música antigua es el canto coral, que es precisamente el lugar en el que Nietzsche sitúa el primer momento de la tragedia[33]. «Originariamente el drama griego fue un gran canto coral.»

Dejando al margen que las consideraciones de Nietzsche con respecto a la armonía si comparamos *DW* y *GMD*, lo que podemos encontrar también en la vacilación que ofrece Schelling en orden a la preferencia entre ésta y la melodía, lo cierto es que, contra lo que cabría prever, las observaciones de Schelling son más extensas y documentadas que las del Nietzsche *músico*. Las de éste, más allá de esa coincidencia con Schelling en los extremos mencionados, se limitan a insistir de distintos modos en la fusión de música y danza y en elemento de éxtasis que la música ofrece. Es

---

[31] Ídem, 497.

[32] Cfr. ídem, 500.

[33] A ese respecto no deja de ser interesante que Nietzsche nos pida un esfuerzo para «intuir» mediante un esfuerzo de la fantasía el drama griego. Schelling nos recuerda en el mismo lugar recién citado que no tenemos una representación intuitiva de la música de los antiguos.

este último elemento, sin duda el más original y respecto del que no podemos encontrar ningún análogo en el Schelling de la *filosofía del arte*, aunque tal vez sí en el de la *Filosofía de la mitología*, que nos habla de la enorme importancia y presencia a un Dionisos oriental, y del que nos ocuparemos más adelante. En cambio, en cuanto a la fusión con la danza, y al carácter de fiesta pública podemos también encontrar, al final de la *Filosofía del arte*, una descripción de Schelling que podría suscribir Nietzsche: «música, canto, danza y todas las clases del drama viven sólo en la vida pública y se unen en ella».

El coro y su vinculación con ese elemento es, por otra parte, uno de los tópicos a propósito de los que siempre se han encontrado precedentes en el romanticismo, entre otras cosas porque el propio Nietzsche se hace cargo de la concepción del mismo como espectador ideal por Schlegel. Schelling le dedica varias páginas, como no podía ser de otro modo, después de afirmar: «En este sentido, la invención más espléndida y absolutamente inspirada por el arte más sublime de la tragedia es el *coro* de la tragedia griega.» Más allá del problema en torno al espectador ideal, Nietzsche parece poner énfasis en el mismo aspecto que Schelling, a saber, en la diferencia que el coro tiene con respecto al drama moderno. En éste todo está presidido por la necesidad de la acción, mientras que el coro antiguo determina un elemento poético ajeno a la acción y es lo que da el tono a la tragedia. Así nos dice Nietzsche: «Que el coro tenía más y mejores ocasiones para expresiones líricas y patéticas, ese es el verdadero principio de la economía del drama antiguo.» En el mismo sentido Schelling otorga una dimensión poética al carácter pasivo del coro: «transformaban el acompañamiento en coro y le concedían en sus tragedias una necesidad verdadera, es decir, poética». Por lo demás, ambos le asignan una función simbólica. Explícitamente en el caso de Schelling, y en el de Nietzsche de modo indirecto, en la medida en que desarrolla el despliegue del drama desde sus orígenes a partir de un canto coral que sufre un proceso de estilización, en cuyo momento de madurez el coro representa esa imagen estilizada del dios. Pero precisamente es este carácter simbólico el que hace del coro una sola persona, aunque compuesta de muchas, rasgo que destacan ambos en términos muy parecidos. Pero más allá de esa coincidencia general en cuanto a las ideas fundamentales, que en Nietzsche aparecen transfiguradas por Schopenhauer y Wagner, sorprenden otras coincidencias en cuanto a los elementos que determinan el proceso de decadencia, en la argumentación, o incluso en algunos aspectos en apariencia superficiales o anecdóticos. Cualquiera que se acerque al texto de Schelling puede descubrir cómo, en efecto, allí se establece una clara distinción entre la tendencia representada por Esquilo y Sófocles, y la representada por Eurípides, que es, como sabemos, el punto central de la argumentación de Nietzsche, relacionada a su vez con el socratismo. De hecho Schelling dedica un capítulo específico a esta cuestión, y en el que puede leerse: «si comparamos a los tres trágicos griegos, resulta que Eurípides tiene que ser separado de los dos primeros en más de un sentido...»[34]. Según Schelling lo esencial de esa diferencia radica en el hecho de que en Eurípides desaparece el clima moral. Este clima moral era lo esencial en esa conciliación de opuestos, y su desaparición era también el rasgo esencial que caracterizaba al Eurípides de Nietzsche, en la medida en que es Eurípides el que destruye la esencia de la tragedia al dar prioridad a uno de los elementos.

En realidad la argumentación que Nietzsche expone inicialmente en *Sócrates y la tragedia* se basa en dos ideas: la de que llevó al espectador a la escena, y la de que lo hizo bajo el lema de que todo ha de ser comprensible para ser bello, siendo esto segundo lo característico del intelectualismo moral socrático. Ahora bien, cuando desarrolla esos argumentos Nietzsche lo hace con elementos que podemos en-

---

[34] Ídem, 708.

contrar también en el escrito de Schelling. A saber, la introducción del prólogo, la del *deus ex machina* y la trivialización y vulgarización de la escena. Schelling no puede ser más explícito: «y por esa razón introducir en sus obras los prólogos, es una prueba más del arte trágico decadente...»[35]. La segunda idea a la que nos referimos, la de la vinculación con Sócrates, la recoge Schelling de modo indirecto y en otro lugar del escrito, el referido a la comedia, donde hay una mención a Aristófanes y a *Las Nubes*, obra que es sin duda una de las fuentes fundamentales de la caracterización que hace Nietzsche de Sócrates y el socratismo. Allí nos recuerda Schelling de pasada que Aristófanes criticó a Sócrates para atacar a Eurípides. Ciertamente esto no explica el núcleo de la argumentación contra el socratismo, del que nos haremos cargo, pero no deja de ser una alusión más que significativa en un contexto de coincidencias, y que por otro lado debían ser un lugar común en el contexto de la estética del romanticismo. En todo caso la caracterización de la comedia nueva como una vulgarización y una intriga, que es otro de los elementos decisivos de la crítica de Nietzsche, están ya dados por Schelling[36]. En efecto lo propio de la comedia nueva es la vulgarización y el carácter doméstico y de intriga, cuestión esta a la que Nietzsche dedicó considerable espacio tanto en *Sócrates y la tragedia* como en la versión ampliada *Sócrates y la tragedia griega*[37] y en cuyo texto puede el lector encontrar, mediante notas a pie de página, otras correspondencias con la obra de Schelling que omitimos aquí para no alargar ya más esta introducción.

Pero la exposición de estas coincidencias no sería completa si no acudiéramos a lo que Schelling no ofrece toda-

---

[35] Ídem, 710.

[36] Cfr. ídem, 717.

[37] Donde las coincidencias llegan incluso a descender a detalles como el hecho de que la decadencia del arte de Eurípides se ejemplifique en que la tragedia termine en boda. Cfr. ídem, 710.

vía en su *Filosofía del arte,* que es el paso decisivo hacia el socratismo, sin duda lo más novedoso del escrito de Nietzsche frente a la tradición de la que proceden sin excepción sus ideas, y lo que todavía tenemos que explicar. De lo hasta ahora dicho parece claro que Nietzsche disponía de elementos con que caracterizar el principio estético fundamental de la tragedia, el origen de su decadencia, o incluso el contenido fundamental de la oposición entre lo apolíneo y lo dionisíaco. Siguen subsistiendo sin embargo dos preguntas: ¿por qué da esos nombres a la contraposición? ¿Cómo establece la fusión entre esa contraposición y el elemento decadente socrático? Aquí la originalidad de Nietzsche parecería indiscutible. Hay sin embargo elementos del Schelling tardío que parecen matizar esa originalidad, para trastocarla simplemente en una capacidad de lector genial. En efecto, hemos dejado un último elemento, que resulta además decisivo no sólo para el universo de los escritos que acaban confluyendo en *GT,* sino para la consideración posterior de Nietzsche: la inclusión de ese socratismo en el esquema apolíneo-dionisíaco. En un primer balance provisional podríamos considerar que Nietzsche, más allá de Schopenhauer y de Wagner, no hace sino recoger en el contexto de ambos una corriente más profunda de la que también ellos dependen, y que seguramente sigue viva en el Nietzsche que acaba por apartarse de ellos. Si Schopenhauer da el tono, los materiales fundamentales son anteriores a éste, e influyen en ambos. Cuando Nietzsche se separe de Schopenhauer, no lo hará, sin embargo, de esos elementos, sino que más bien optará por actualizarlos, prepararlos incluso para su recepción posterior en el siglo xx. A, esto último dedicaremos una breve reflexión en las páginas finales de nuestra *Introducción.* Pero antes parece necesario investigar cómo la figura de Sócrates se desplaza desde su lugar como paradigma de lo irracional hacia el prototipo de hombre teórico, que pesará como una sombra sobre la cultura occidental, y que constituye, según Nietzsche, el germen de su decadencia.

Y en este punto Schelling vuelve a resultar de gran ayuda, porque en su obra encontramos ya un momento en el que el socratismo es vinculado ahora a lo moderno y a lo intelectual, y no sólo eso, sino que esa vinculación es realizada al hilo de una comparación entre el propio Sócrates y Dionisos. En realidad las caracterizaciones de Eurípides como momento de decadencia de la tragedia, el papel asignado al coro, las críticas de Aristófanes no eran de por sí novedades. Lo realmente novedoso y lo que marcará finalmente el sesgo de la obra es el tratamiento de Sócrates. Y de nuevo parece ser Schelling una fuente de ese tratamiento, si bien con anterioridad un colaborador de Jacobi hace ya una referencia al nihilismo de Sócrates[38]. Por el contrario, Schlegel no puede ser en ningún caso la fuente, puesto que en su obra llega a afirmar que Eurípides nunca fue socrático aunque fueran amigos[39]. En la tantas veces citada obra de Schelling encontramos en cambio ya una primera observación muy llamativa, en la que Sócrates aparece como origen del proceso de progresiva intelectualización de la tragedia y el mundo griego. Allí nos dice Schelling: «hasta que Anaxágoras primero, mediante el *nous* y luego Sócrates de forma más completa, introdujeron el elemento idealista»[40].

En la versión de *Sócrates y la tragedia griega* Nietzsche añade una referencia a Anaxágoras, que parece concordar en todo con esa concepción. «En relación con su actividad práctico-productiva, se le debe haber pasado por la cabeza muchas veces si debía, al inicio del drama, resucitar el comienzo mismo del escrito de Anaxágoras...» Tras esta frase la comparación no la establece ya con Sócrates y sí con

---

[38] Nos referimos a Köppen. Cfr. O. Pöggeler, *Hegel und die Anfänge der Nihilismus Diskussion*, en Arendt (ed.), *Der Nihilismus als Phänomen der Gesitesgeschichte*, Stuttgart, WBG, 1974, págs. 212-213.
[39] Sí recoge, en cambio, la referencia a Anaxágoras, presente también en Schelling, y que Nietzsche introduce en *SGT*.
[40] Ídem, 417.

Anaxágoras. Pero esta correspondencia, si bien tiene el interés de ser una corrección en la caracterización de Sócrates que vimos en Hamann, y que demuestra ya a comienzos de siglo una inversión en la consideración de Sócrates, no es suficiente para explicar el tratamiento de su figura en Nietzsche, y menos aún su juego como elemento contrapuesto a Dionisos.

Hay, sin embargo, otra obra de Schelling, en este caso del Schelling tardío, donde encontramos un indicio que creemos muy valioso en este ámbito de problemas. Nos referimos a *La filosofía de la mitología*. En ella no sólo se da un extenso y profundo tratamiento de la figura de Dionisos, sino que Sócrates aparece a la vez explicitado como su contrafigura en el ámbito de la cultura griega, lo que en todo caso muestra ya que esa contraposición no es original de Nietzsche, y que de algún modo venía siendo manejada en los años anteriores. En esa obra, por otra parte, se hace cargo del tratamiento que de Dionisos desarrolla Creuzer, uno de los autores a los que se suele acudir en busca de las fuentes de Nietzsche, y además se contiene en detalle una lectura oriental de Dionisos, algo que juega, como sabemos, un considerable papel en Nietzsche, y de lo que le acusó Wilamowitz, interpretándolo como deuda hacia Bachofen.

La caracterización que de Dionisos hace Schelling en su teoría general de la mitología apunta ya hacia una esfera divina en la que la divinidad no ha llegado todavía al ámbito de la conciencia, que es precisamente lo que está en juego en la oposición nietzscheana Dionisos-Sócrates. Así en la lección 13 afirma Schelling: «Para regresar a Dionisos,....el dios mismo es más antiguo que su nombre, su efecto anterior a su reconocimiento como Dios, su presente en la conciencia anterior a su plena formación en el interior de la misma»[41]. Y unas páginas más abajo completa esa afirmación con otra según la cual los relatos de Dioni-

---

[41] *SW,* II, 2, 281.

sos representarían la lucha entre la naturaleza y la conciencia[42].

Pero, lo que a nuestros efectos es más importante, en ese mismo contexto aparece ya una estrecha relación explícita entre Dionisos y Sócrates como clave para interpretar la evolución cultural griega. No hay propiamente una contraposición entre ambos, sino más bien una analogía respecto del papel respectivo que juegan en la filosofía y en la mitología, como momentos en los que se rompe la unidad. A este respecto nos dice Schelling: «el hombre que en la historia del espíritu filosófico marcó una época comparable a la que marca la aparición de Dionisos en la mitología, el verdadero Dionisos de la filosofía, es Sócrates, el hombre daimónico que por primera vez rompió la unidad de los eleatas mediante una dialéctica destructiva....»[43].

La visión del Schelling tardío parece, pues, situar a ambos al mismo nivel, y lo hace además enfatizando la dimensión dialéctica de Sócrates, que es el elemento determinante del socratismo estético de la tragedia de Eurípides. Con ello confirma esa inversión en la tendencia de la *Frühromantik,* según la cual Sócrates es el prototipo del genio anclado en lo irracional, para presentarlo más bien como el paradigma de lo racional, de esa dialéctica destructiva que camina hacia la conciencia. Si consideramos que la evolución de Schelling es la de esa misma tradición, resulta entonces que aquella aparente contradicción entre el Sócrates irracional de Hamann y el Sócrates prototipo del racionalismo de Nietzsche queda ahora resuelta, y encaja ya la última pieza, la decisiva de esa recepción por parte de Nietzsche.

Pero la cuestión debe ser completada con otras dos observaciones. La primera, la alusión que en este contexto vuelve a hacer Schelling a Aristófanes: «pero no puede pensarse ni en Sócrates ni en Dionisos sin recordar a Aristófa-

---

[42] Ídem, 283.
[43] Ídem, 284.

nes»[44]. Schelling se refiere sin duda a *Las ranas*, donde aparecen justamente los trágicos en disputa, y se parodia a Dionisos, y desde luego a *Las Nubes*, de la que como sabemos hace Nietzsche un amplio uso. Pero lo significativo de estos pasajes no está tanto en el contenido mismo de lo pensado por Schelling, que obedece a una concepción específica que en el detalle no puede compartir Nietzsche, cuanto a la nueva configuración del socratismo, y a la equiparación formal de Dionisos y Sócrates como dos principios análogos que acabamos de mencionar.

Finalmente, esta breve caracterización de la dialéctica apolíneo-dionisíaco en Schelling quedaría incompleta si no acudiéramos a un lugar de la misma obra donde ya claramente lo griego se hace depender de la fusión de ambos dioses. En efecto, en la lección 29 Schelling reproduce el paralelismo entre Dionisos y Sócrates, pero ahora como paralelismo entre Dionisos y Apolo, cuyas trayectorias aparecen como idénticas a través de distintos episodios. Después de trazar esa trayectoria común afirma Schelling: «Apolo depende de Dionisos hasta el punto que no se le puede comprender plenamente sin entrar en el conjunto de las doctrinas dionisíacas»[45]. Y cierra esa consideración afirmando que al final de la evolución de la mitología griega el más elevado concepto es Apolo, algo que introduce sin duda una consideración evolutiva, la misma que está implícita en el esquema fundamental del Nietzsche, para quien a evolución decadente de la tragedia es el resultado del predominio de ese elemento apolíneo, precisamente el encarnado en la figura de Sócrates.

Sería mucho decir que la contraposición tal como aparece en Nietzsche está ya dada en Schelling, pero sí parece indudable que el escrito de Schelling confirma que los elementos que Nietzsche organiza están ya todos ahí, lo que

---

[44] Ibíd.
[45] Ibíd.

no deja de ser significativo teniendo en cuenta que poseen una ascendencia común. Lo que aquí ofrecemos es sólo un esquema de la relación profunda que parece evidenciarse entre ambos. Una consideración más detenida, y que nos proponemos para un escrito de naturaleza distinta a una mera introducción, podría hacernos comprender hasta qué punto el Schelling tardío es una plataforma giratoria para las filosofías que preparan la posmodernidad[46], las de Heidegger y Nietzsche. No podemos detenernos aquí a valorar el papel de la filosofía del Schelling tardío en la evolución de esa tradición que llega hasta Heidegger, y que influye directamente en el concepto de *nihilismo* tan importante después en Nietzsche y en Heidegger, y a partir de ellos en la filosofía occidental de las últimas décadas[47]. Pero si hemos puesto énfasis en esa presencia de Schelling en la filosofía del primer Nietzsche, es precisamente porque en ella tenemos un factor nada despreciable a la hora de explicar, tal como proponíamos más arriba, el renacimiento de Nietzsche para la academia, primero en Heidegger, y desde éste en la posmodernidad.

V. El pensamiento trágico en la posmodernidad

Y es precisamente con unas breves reflexiones sobre esta cuestión, la de la presencia de Nietzsche en la filosofía de las últimas décadas, con lo que queremos cerrar nuestra introducción de estos escritos previos a *El nacimiento de la tragedia*. En realidad si hemos traído esa tradición y hemos tra-

---

[46] Expresión utilizada por Habermas para referirse precisamente a Nietzsche. Cfr., *Der philosophische Diskurs der Moderne*, Fráncfort, Suhrkamp Verlag, IV.

[47] El lector puede encontrar algunas indicaciones sobre esta cuestión en nuestro artículo «Nihilismo y filosofía positiva», en A. Leyte (ed.), *Una mirada a la filosofía de Schelling*, Vigo, Publicaciones de la Universidad de Vigo, págs. 115-120.

tado de contrastarla con el pensamiento implícito en Nietzsche, es únicamente con el objetivo de mostrar que su vigencia en nuestros días obedece no sólo a aquellos rasgos específicos de Nietzsche mismo, sino en parte también a su pertenencia a aquella tradición antiilustrada que recobra todo su vigor en los años 70 del siglo xx. La recepción de Heidegger y Nietzsche como las dos fuentes de una tendencia que empieza a desarrollarse en esos años, y que se consolida en los 80, obedece a los mismos motivos filosóficos fundamentales que en su momento vimos caracterizaban la tradición antiilustrada alemana. De hecho, cabría pensar que la polémica sobre la posmodernidad no es sino una nueva edición, en nuevas condiciones históricas y culturales, de las continuadas polémicas que atravesaron la filosofía europea de finales del xviii y comienzos del xix. La validez y los límites de la razón, la superación de la subjetividad, la centralidad del lenguaje, el rechazo del fundamento, la muerte de Dios (cuyo primer profeta no fue Nietzsche como acostumbra a afirmarse, sino el Hegel del «viernes santo especulativo» de *Fe y saber)* y su reedición en forma de muerte del hombre, el nihilismo, la estética como lugar privilegiado del ser, todo esos motivos son en realidad los mismos que vertebraron las polémicas a finales del xviii, y no por casualidad, dado que el origen sigue siendo el mismo, la cuestión de la modernidad en la que aún estamos, a pesar de los posmodernos. Y en esto Nietzsche representa un tránsito decisivo, porque su pensamiento, coincidiendo en lo esencial con las corrientes de fines del xviii que tratan de volver al cristianismo y a la religión frente a una Ilustración que se pretende secularizadora, es a la vez un ilustrado[48] que ejerce la crítica más feroz contra el cris-

---

[48] De manera que: «es uno de los más lúcidos y radicales protagonistas de la Ilustración», pero de una Ilustración que se vuelve contra sí misma. Cfr. Jacobo Muñoz, *Prólogo* a Germán Cano, *Nietzsche y la crítica de la modernidad*, Madrid, Biblioteca Nueva, 2001, pág. 24.

tianismo y contra la religión en general, como lo es la de la posmodernidad frente a los grandes relatos, incluidos los que supuestamente proceden de la Ilustración.

Éste es el Nietzsche que retoma Heidegger y no el de los nazis. El de éstos resulta, sin más, poco sutil, y como se ha demostrado, incapaz de imponerse. Donde Nietzsche podía ser eficaz es allí donde le sitúa Heidegger, en el esfuerzo que permita releer toda la tradición de Occidente, para en realidad releer sólo el mundo moderno. En Heidegger puede detectarse la misma estrategia fundamental de Nietzsche, trasladar su lectura del mundo moderno a la tradición entera de Occidente, y para ello en ambos la confrontación con Grecia resulta el paso decisivo. Los escritos sobre *El nacimiento de la tragedia* tienen, pues, una enorme transcendencia no sólo para la filosofía de Nietzsche, sino para todo el pensamiento que, tras sus huellas, simplifica la historia de la filosofía y convierte a la modernidad en un corolario y una conclusión de las premisas puestas por Sócrates-Platón. Como si fuera posible recuperar el mundo griego, como si la razón moderna no hubiera supuesto una ruptura y un *novum* históricamente dado, como si un Hume, un Spinoza, un Marx, un Hegel, pudieran deducirse directamente de Sócrates, cuando se da el caso de que justamente la filosofía moderna, y con ella la democracia moderna, recupera las sendas que se abandonaron con Sócrates y Platón. *Onto-teología* y *metafísica de la presencia* las llama Heidegger, *espíritu teórico* Nietzsche, pero más allá de esos nombres, lo que acecha es un nuevo pensamiento religioso fundamental frente a la razón moderna que combate superstición e ignorancia[49]. ¿Qué otra cosa que un nuevo comienzo nos ofrece Nietzsche en *El nacimiento de la tragedia?* Un nuevo comienzo que en términos de *El drama musical*

---

[49] Nos hemos ocupado de esta cuestión en «Nihilismo y fin de la historia. Una mirada sobre la cuestión de la (pos)modernidad», en *Revista de Filosofía*, XIII (2000), 5-44.

griego es en su esencia lo religioso mismo: religación y reunificación con la naturaleza primordial, superación del principio de individuación. Pero esto está muy lejos de ser nuevo. Basta con acudir al llamado *Más antiguo programa del idealismo alemán* para toparnos con la misma idea, o en general a la estética del primer romanticismo, el único, (y no el de Wagner ya tardío y decadente) para encontrar en la estética y en la vuelta a la naturaleza el sucedáneo de una religión perdida, la estética como elemento religioso, la mitología como el hilo conductor para ese regreso. Y todo ello en el ámbito en el que el regreso a Grecia se ve como la tabla de salvación del naufragio moderno. Sólo que el primer impulso en esta dirección, el romántico, emerge en un momento histórico poco abonado para imponerse en filosofía, en un contexto en el que la Restauración no necesita momentáneamente de sus mitos, y en el que la ciencia está despegando irresistible. En cambio, cuando Nietzsche inicia su trayectoria, la sociedad del Antiguo Régimen no encuentra ya fórmulas que permitan regresar al trono y al altar, y, en cambio, la democracia, el liberalismo, el socialismo se extienden como una amenaza por toda Europa. Los escritos que tiene el lector entre sus manos son contemporáneos de la Comuna de París, del despegue de lo que acostumbra a llamarse Segunda Revolución Industrial, de una fase de la civilización occidental que se parece más a la nuestra que la Europa napoleónica a la Alemania de Nietzsche. En esas circunstancias ese pensamiento fundamental puede ser efectivo, aunque no todavía en el ámbito de la filosofía, que es una maquinara mucho más lenta que el resto de los aparatos de la maquinaria de la cultura. El pensamiento religioso fundamental de los nuevos tiempos necesita una elaboración lenta y minuciosa. Nietzsche ha preparado el camino, pero Nietzsche es sobre todo un poeta y los tiempos no están aún maduros para escuchar su mensaje, al menos en el ámbito de la filosofía académica. Se necesitaba la formación minuciosa de un aspirante de teólogo y una nueva vuelta de tuerca en el devenir de Occidente, para que el mensaje de Nietzsche, como el de un profeta, fuera interpretado y contextualizado correctamente. Esa será la tarea de Heidegger, donde de nuevo encontramos todos los motivos fundamentales del regreso a Grecia, de la superación del individualismo moderno, de la afirmación estética del ser, de la falta de fundamento. Es el Heidegger que ya en los años 30 está buscando un nuevo Dios, y que en los 60 confirma que sólo un Dios puede salvarnos.

Las viejas tesis *ingenuas* que circulaban en la Europa de comienzos del XVIII reaparecen ahora cuidadosamente elaboradas en el lenguaje de una tradición tan académica como la *fenomenología*, y en un contexto en el que el desastre de la Europa de los 30 y 40 parece dar la razón a quienes lo venían vaticinando desde hacía casi doscientos años. Y así, Nietzsche no sólo penetra entre los teólogos, sino que su presencia se puede detectar incluso entre quienes en principio no son sospechosos de practicar la teología. Obras como la *Dialéctica de la Ilustración* parecen confirmar ya el éxito de Nietzsche, y no sólo por trasladar el viejo esquema de crítica de la modernidad hacia un origen griego, que en este caso llega hasta Homero, sino porque el elemento ilustrado presente en Nietzsche en términos de cultura, se hace evidente en una filosofía entendida como crítica de la cultura. Aquí incluso Marx se hace nietzscheano, y sus postulados críticos se trasladan al ámbito estético como ya lo habían sido en la *Frühromantik*, y continuaron siéndolo de modo paradigmático en el Nietzsche de los primeros años que aquí presentamos. De las tres grandes tradiciones filosóficas occidentales en los años 50 sólo quedaba en principio una exenta, y nunca del todo, de la influencia nietzscheana: la tradición analítica anglosajona. Junto a ella ciertamente había todavía zonas no contaminadas en la *fenomenología* o en el marxismo, cuya máxima expresión, en la medida en que además acabó vinculando ambas, fue sin duda Sartre. Pero a finales de los años 60 y comienzo de los 70 Sartre fue finalmente marginado por las tendencias estructuralistas y posestructuralistas, a la vez que la tradición anglosajona avanza en su proceso de acercamiento a Nietzsche y Heidegger. En *La filosofía y el espejo de la naturaleza* Rorty sitúa ya a Nietzsche junto a Heidegger, Dewey y Wittgenstein como modelos filosóficos. En las mismas fechas se inicia la todavía abierta cuestión de la posmodernidad, donde Nietzsche se consagra ya como la nueva estrella del firmamento filosófico. Pero el regreso a Grecia ha sido sólo la escalera de la que se prescinde, porque lo que ahora se recupera es una vieja tesis que es el germen de la *Frühromantik*. Hamann ya había explicado que la naturaleza toda no es sino lenguaje, cuyo significado último es Dios. Esta tesis era en Hamann solidaria de la exaltación irracional, del entusiasmo estético, de la afirmación de la poesía ditirámbica frente a la razón moderna. Allí ya el lenguaje lo era todo, pero bajo él latía la voluntad divina. Con Nietzsche esa voluntad divina es sustituida por una voluntad de voluntad en la que el lenguaje se queda sólo. Ese espacio es el de la posmodernidad. Pero esto es ya un asunto que excede las pretensiones de esta Introducción.

VICENTE SERRANO
Febrero de 2003

BIBLIOGRAFÍA

Ávila, R., *Identidad y tragedia. Nietzsche y la fragmentación del sujeto,* Barcelona, Crítica, 1999.

Barrios, M., *Narrar el abismo. Ensayos sobre Nietzsche, Hölderlin y la disolución del clasicismo,* Valencia, Pre-textos, 2001.

— *La voluntad de lo trágico. El concepto nietzscheano de voluntad a partir de El nacimiento de la tragedia,* Madrid, Biblioteca Nueva, 2002.

Cano, G., *Como un ángel frío. Nietzsche y el cuidado de la libertad,* Valencia, Pre-textos, 2000.

— *Nietzsche y la crítica de la modernidad,* Madrid, Biblioteca Nueva, 2001.

Conill, J., *El poder de la mentira. Nietzsche y la política de la transvaloración,* Madrid, Tecnos, 1997.

Esteban Enguita, J. E. y Quesada, J. (coords.), *Política, historia y verdad en la obra de F. Nietzsche.* Madrid, Huerga y Fierro, 2000.

Deleuze, G., *Nietzsche y la filosofía,* traducción de Carmen Artal, Barcelona, Anagrama, 1971.

Fink, E., *La filosofía de Nietzsche,* traducción de A. Sánchez Pascual, Madrid, Alianza, 1966.

Hedegger, M., *Nietzsche,* traducción de Juan Luis Vermal, Barcelona, Destino, 2000, 2 vols.

Janz, C. P., *Friedrich Nietzsche,* traducción de Jacobo Muñoz e Isidoro Reguera, Madrid, Alianza, 1981.

Jiménez Moreno, L., *Nietzsche: Antropología y nihilismo,* Valencia, Universidad Politécnica, 2001.

Klossowski, P., *Nietzsche y el círculo vicioso,* traducción de Néstor Sánchez y Teresa Wangemann, Barcelona, Seix Barral, 1972.

Morey, M., *Nietzsche. Una biografía,* Barcelona, Archipiélago, 1993.

Nolte, E., *Nietzsche y el nietzscheanismo,* Madrid, Alianza, 1995.

Pérez López, H. J., *Hacia el nacimiento de la tragedia. Un ensayo sobre la metafísica del artista en el joven Nietzsche,* Murcia, Res Publica, 2001.

Quesada, J., *Nihilismo activo. Genealogía de la modernidad,* México, Universidad de Guadalajara, 1999.

— *Un pensamiento intempestivo. Ontología, estética y política en F. Nietzsche,* Barcelona, Anthropos, 1988.

Sánchez Meca, D., *En torno al superhombre. Nietzsche y la crisis de la modernidad,* Barcelona, Anthropos, 1989.

Safranski, R., *Nietzsche, biografía de su pensamiento,* traducción de Raúl Gabás, Barcelona, Tusquets, 2001.

Savater, F., *Idea de Nietzsche,* Barcelona, Ariel, 1995.

Vermal, J. L., *La crítica de la metafísica en Nietzsche,* Barcelona, Anthropos, 1987.

Wilamowiz-Möllendorff, U. von, Rhode, E. *Nietzsche y la polémica sobre el nacimiento de la tragedia,* edición de Luis Santiago Guervós, Málaga, Editorial Librería Ágora, 1994.

EL PENSAMIENTO TRÁGICO
DE LOS GRIEGOS
ESCRITOS PÓSTUMOS 1870-1871

El Drama musical griego[1]

En nuestras actuales artes escénicas no sólo pueden encontrarse recuerdos y reminiscencias del *arte dramático griego*. No, *las formas fundamentales* de nuestro teatro hunden sus raíces en el suelo helénico, bien por un crecimiento *natural*, bien como consecuencia de una derivación *artificial*. Sólo los nombres se han modificado y dislocado de muchos maneras, del mismo modo como el arte musical medieval poseía aún realmente las escalas griegas, incluso con los nombres griegos, aunque, por ejemplo, lo que los griegos llamaban *locrio* fue denominado *dórico* por la escala musical de la iglesia. Parecidas confusiones encontramos en el campo de la terminología del arte dramático. Aquello que el ateniense conocía como *tragedia* nosotros lo comprenderíamos seguramente bajo el concepto de *gran ópera*. Al menos así lo hizo Voltaire en una carta al cardenal Quirini[2]. En cambio, en nuestra tragedia un griego apenas reconocería nada que se correspondiera con su tragedia. Bien pudiera ocurrírsele, sin embargo, que el conjunto de la estructura, así como el carácter fundamental de la tragedia de Shakespeare, procede de su llamada *nueva comedia*. Y es a partir de *ella* como

---

[1] Conferencia pronunciada por Nietzsche el 18 de enero de 1870. Fue publicada por primera vez en 1926. Nuestra versión lo es a partir de *KGW*, III, 2, págs. 3-22,

[2] Cfr. Voltaire, *Oeuvres*, 72 vols., París, 1829-1840, V, pág. 475.

de hecho se han desarrollado, en enormes lapsos temporales, el drama romano, los misterios y las obras morales romano-germánicos, y finalmente la tragedia de Shakespeare. Del mismo modo como en la forma externa de la *escena* de Shakespeare no cabe ignorar algún parentesco *genealógico* con su nueva comedia ática. Pero mientras que aquí tenemos que reconocer un avance natural progresivo, una evolución continuada durante miles de años, en cambio la verdadera tragedia de la antigüedad, el arte de Esquilo y de Sófocles, han sido inoculados de modo artificial en el arte moderno. Lo que hoy llamamos *ópera*[3], la caricatura del drama musical, ha surgido directamente de la imitación simiesca de la antigüedad, sin la fuerza inconsciente de un impulso natural. Formada según una teoría abstracta, se ha comportado como un «humúnculo» producido artificialmente, como el duende malo de nuestra moderna evolución musical. Aquellos sabios e instruidos nobles florentinos, que motivaron a comienzos del XVII el surgimiento de la ópera, lo hicieron con la intención claramente explícita de renovar *aquellos* efectos que la música había tenido en la antigüedad, tal como lo atestiguaban gran cantidad de elocuentes testimonios. ¡Cosa notable! Ya el primer pensamiento sobre la ópera no fue otra cosa que una búsqueda de efecto[4]. Me-

---

[3] Desde estas primeras líneas hasta la frase con la que cierra el escrito, apunta Nietzsche a una crítica de la ópera contemporánea, con el fin de argumentar a favor de la obra de Wagner como un nuevo estilo que recupere la esencia de la antigua tragedia. Sobre la influencia de Wagner en Nietzsche está casi todo dicho. El lector en castellano encontrará una detallada noticia sobre esas relaciones, en las fechas de la conferencia, en la que sigue siendo la más completa biografía sobre Nietzsche, de Curt Paul Janz, *Friedrich Nietzsche*, traducción de Jacobo Muñoz e Isidoro Reguera, Madrid, Alianza, 1981. Entre otros lugares: vol. II, págs. 28-31, 100, 116-117, etc. Igualmente puede consultarse la obra de Rüdiger Safranski, *Nietzsche, biografía de su pensamiento*, traducción de Raúl Gabás, Barcelona, Tusquets, 2001. Entre otros lugares: páginas 89-112.

[4] Aquí aparece ya una de las ideas fundamentales que guía todos los escritos de Nietzsche sobre la tragedia, y que asimila la decadencia

diante tales experimentos son arrancadas, o al menos gravemente mutiladas, las raíces de un arte inconsciente surgido del pueblo. Así, en Francia el drama popular fue suplantado por la llamada tragedia clásica, es decir, fue suplantado por un género surgido exclusivamente de un modo erudito, que debería contener la quintaesencia de lo trágico, sin mezcla alguna. También en Alemania se enterró desde la Reforma[5] la raíz natural del drama, que era la representación carnavalesca. Desde entonces no se ha vuelto a intentar apenas la nueva creación de una forma nacional, sino que, por el contrario, se ha creado y se ha pensado a partir de modelos de otras naciones. El verdadero freno para el desarrollo del arte moderno es la erudición, el saber consciente[6], el exceso de saberes: todo creci-

---

de ésta al arte moderno: la pérdida del elemento espontáneo e inconsciente frente al carácter consciente y artificioso del arte moderno, y que habría iniciado Eurípides, de lo que Nietzsche se ocupará con detalle en la segunda conferencia. Como la mayor parte de las ideas que Nietzsche combina en estos escritos, esta visión era un lugar común desde la primera filología de la *Frühromantik*. En este sentido pueden encontrarse múltiples alusiones en Friedrich Schlegel. Cfr. KA, Zúrich, 1948, XI, págs. 80 y sigs.

[5] En esta alusión a los efectos de la Reforma sobre el arte se evidencia una vez más cómo desde las primeras líneas el sentido del escrito, a la vez que una apología de la obra wagneriana, es sobre todo una crítica de la modernidad, si bien hecha desde el campo de la filología griega y proyectada sobre el drama musical griego como modelo.

[6] Esta idea del exceso de conciencia en el arte moderno la proyectará en seguida, ya en la segunda conferencia, hacia el drama griego a través de la figura de Sócrates, cuyo intelectualismo iniciará la decadencia de la tragedia al ser recibido por Eurípides. La idea de que en Eurípides se inicia la decadencia era un lugar común desde comienzos de siglo, como lo era también la de que esa decadencia se vincula a un exceso de dialéctica. A partir de ella, y mediante la vinculación entre Sócrates y Eurípides, ya presente en Schlegel y Schelling, cuya fuente común es Aristófanes, desarrolla Nietzsche la idea fundamental del socratismo como origen de la decadencia. Sobre este punto ofrecemos algunas indicaciones en nuestra Introducción.

miento y desarrollo en el reino del arte debe moverse en una noche oscura. La historia de la música nos enseña que la saludable continuidad de la música *griega* se vio repentinamente impedida y entorpecida del modo más brusco cuando se volvió a lo antiguó en la teoría y en la praxis mediante la erudición. El resultado fue una increíble atrofia del gusto. En las continuadas contradicciones de la tradición y del oído natural se llegó al punto de no componer ya música para los oídos sino para los ojos. Era a los ojos a los que debía maravillar la destreza contrapuntística del compositor, los ojos los que debían reconocer la capacidad expresiva de la música. ¿Cómo podía realizarse tal cosa? Se colorearon las notas con los colores de las cosas de las que se trataba en el texto. Así, de verde si se trataba de plantas, de campos de viñas, de rojo púrpura si se mencionaban el sol y la luz. Era literatura musical, música para leer. Esto que hoy nos resulta como un evidente absurdo, tuvo que ser, en el terreno que quiero describir, obvio sólo para unos pocos. Afirmo, efectivamente, que el Esquilo y el Sófocles que nosotros conocemos los conocemos sólo como autores del texto, como libretistas, es decir, que son para nosotros incluso desconocidos. Pues si en el ámbito de la música estamos ya lejos del simulacro erudito de una música para leer, en el ámbito de la poesía, en cambio, domina de tal modo la falta de naturalidad del libreto, que cuesta mucho decir en qué medida debemos ser injustos frente a Sófocles y Esquilo, por la sencilla razón de que no los conocemos. Cuando hablamos de poetas, entonces pensamos en todo caso en libretistas, pero precisamente con eso perdemos la visión de su esencia, que para nosotros únicamente se descubre si traemos la *ópera* ante el espíritu, en un momento de poderosa fantasía idealizada, de modo tal que se abra para nosotros la intuición del drama musical de la antigüedad. Porque, a pesar de que de este modo quedan distorsionadas las relaciones con la llamada gran ópera, que es más un producto de dispersión que de acumulación, en cuanto esclava de la peor ripiosidad, de la música indigna, y a pesar de que todo en ella es fraude y desvergüenza, no existe otro medio de aclararse sobre Sófocles, salvo el de intentar adivinar, más allá de esa caricatura, la imagen original, y en un momento de entusiasmo, pensarlo más allá de todo lo falseado y distorsionado. Esa imagen de la fantasía debe ser investigada cuidadosamente, y, en todos sus elementos, reunida con la tradición de la antigüedad, para que no sobrehelenicemos lo griego y no imaginemos una obra de arte que no ha tenido lugar en la tierra. Esto último no es un peligro pequeño. Hasta hace no poco ha estado vigente como un axioma incondicional del arte que el ideal de toda escultura debía carecer de color, que la escultura antigua no admitía el color. Muy lentamente y contra la más viva oposición de los hiperhelenizantes, se ha abierto camino la intuición de la escultura policromada antigua, intuición según la cual no ha de ser pensada desnuda sino con un revestimiento de color. Del mismo modo, goza de una universal aceptación el principio estético según el cual la reunión de dos o más artes no es capaz de producir ninguna elevación del placer estético, sino que es más bien una perversión bárbara del gusto. Pero este principio demuestra, como mucho, el mal hábito moderno según el cual no podemos gozar estéticamente como hombres totales[7]. En cierto modo somos desmembrados en fragmentos mediante las artes absolutas y gozamos así también como fragmentos, ahora como hombres que oyen, más tarde como hombres

---

[7] La idea de una obra de arte total, en cuanto que no se dirija a distintas facultades, sino al hombre completo, es otro de los tópicos de la estética de la *Frühromantik*. Ya Friedrich Schlegel había insistido en que la poesía griega se caracterizaba frente a la moderna por dirigirse al hombre total (cfr. KA, XVIII, 255). Más allá de esto, el problema apunta a uno de los rasgos críticos de la modernidad, el de la escisión, o las escisiones que la caracterizan. Fichte, por ejemplo, se había ocupado intensamente de este problema y había utilizado esa misma expresión (el *hombre total*) aunque referida a la educación religiosa, en su época escolar en *Pforta*, la misma institución en la que también estudió Nietzsche.

que ven, etc. Confrontemos con ello el modo como el agudo Anselmo Feuerbach considera el drama antiguo como un arte total. «No hay que extrañarse —dice— de que cuando se da una profunda afinidad electiva entre distintas artes particulares, éstas finalmente se fusionen en un todo inseparable como una nueva forma artística. Los juegos olímpicos reunieron en una unidad política y religiosa a las distintas tribus de los griegos. Del mismo modo el drama como fiesta se parece a una fiesta de reunificación de todas las artes griegas. El modelo de esto estaba ya dado en aquellas fiestas de los templos, en las que la visión de la imagen esculpida del dios era celebrada mediante la danza y el canto por una multitud devota. Del mismo modo que allí, también aquí la arquitectura constituye el ámbito y la base mediante los cuales la esfera poética se separa visiblemente de la realidad. Vemos en el escenario ocupado al pintor y extendida toda la excitación de un juego de colores en la magnificencia de las indumentarias. El arte poética se ha apoderado del espíritu del conjunto, pero no el arte poética entendida de nuevo como una forma poética individualizada, como, por ejemplo, el himno en el caso del oficio divino del templo. Aquellos relatos tan esenciales para el drama griego como lo es el de los *angelos* y los *exangelos*, o el de las mismas personas que actúan, nos reconducen de nuevo a la epopeya. La poesía lírica tiene su lugar en las escenas apasionadas y en el coro, y desde luego según todos sus matices, desde el arranque directo del sentimiento en interjecciones, desde la más tierna flor del canto, hasta llegar al himno y el ditirambo. En los cantos recitados y la flauta y en el compás de la danza no se cierra aún el círculo. Pues si la poesía constituye el elemento fundamental más interior del drama, le sale al paso, en esta nueva forma suya, la plástica»[8]. Hasta aquí Feuerbach. Lo

---

[8] Cita del artista y crítico Anselmo Feuerbach y su obra *El Apolo vaticano, una serie de consideraciones arqueológico-estéticas*, publicada en Nuremberg en 1833.

que es seguro es que ante una obra de arte semejante algo tendríamos que aprender de cómo se goza como un hombre total, mientras que es de temer que ante esa clase de obra uno fuera descompuesto en piezas para poder hacerla suya. Creo incluso que aquél de nosotros que fuera trasladado de pronto a la representación de una fiesta ateniense, obtendría la impresión de un espectáculo completamente extraño y bárbaro. Y esto por muchas razones. En el más claro sol del mediodía, sin ninguno de los efectos llenos de misterio de la noche y de las lámparas, vería en la más deslumbrante realidad un enorme espacio abierto lleno de gentes. Encontraría todas las miradas dirigidas hacia una maravillosa multitud enmascarada y en movimiento, y hacia un par de gigantes muñecos sobrehumanos que se mueven de un lado a otro sobre un largo y estrecho escenario, siguiendo un lentísimo compás. ¿Pues de qué otra forma que como muñecos deberíamos denominar a esos seres que, aupados en elevados zancos, los rostros cubiertos con gigantescas máscaras vivamente pintadas que les sobrepasan la cabeza, con los pechos, vientres, brazos y piernas acolchados y mullidos hasta lo antinatural, apenas pueden moverse, vencidos por el peso de una túnica de larga cola y de un impresionante atavío en la cabeza? Esas formas poseen además dos grandes aberturas como bocas para hablar y cantar en el más poderoso tono, para hacerse entender ante una masa de más de 20.000 personas. Realmente una tarea de héroes, digna de un luchador de Maratón. Pero aún es mayor nuestra admiración cuando percibimos que cada uno de estos actores y cantantes tiene ante sí en 10 horas de tensión 1.600 versos, entre los cuales hay al menos seis piezas cantadas, pequeñas y grandes. Y esto ante un público que recriminaba implacable cualquier desmesura en el tono, cualquier acento incorrecto, en la Atenas en la que, según la expresión de Lessing, incluso la chusma poseía un criterio fino y agudo[9]. ¡Qué concentra-

---

[9] Cfr. *Hamburgische Dramaturgie*, 2. En *Werke*, Leipzig, 1867, 10 vols., VI, 18.

ción y ejercicio de las facultades, qué larguísima preparación, qué rigor y entusiasmo hemos de suponer en la ejecución de la tarea del artista, en definitiva, qué actor ideal hemos de suponer! Aquí se planteaban tareas para el ciudadano más noble, aquí no se envilecía un combatiente de Maratón, ni siquiera en el caso de fracasar, aquí el actor sentía a través de su disfraz una elevación sobre la vida cotidiana, e igualmente también una elevación en sí mismo, una elevación en la que la palabra patética y enaltecedora de Esquilo debía ser como un lenguaje natural para él.

Pero también el espectador y *oyente*, al igual que el actor, escuchaba totalmente consagrado. También sobre él se extendía una *extraordinaria* ansiada atmósfera festiva. Lo que llevaba a los hombres al teatro no era la angustiosa huida del aburrimiento, la voluntad de liberarse a cualquier precio, aunque fuera sólo por un instante, de su propia mezquindad. El griego huía de la habitual dispersión de su vida pública en la calle, en el foro o en el mercado, para reunirse en la atractiva celebración de la representación teatral, que predisponía a la tranquilidad del ánimo e invitaba al recogimiento. No era como el antiguo alemán que, cuando rompía el círculo de su existencia íntima, buscaba la diversión, y que encontraba la verdadera diversión en el debate judicial, el cual precisamente por eso determinó la forma y la atmósfera de su drama. El alma del ateniense, en cambio, la del que acudía a la tragedia para contemplar las grandes fiestas dionisíacas, tenía en sí mismo ya algo de ese elemento del que nació la tragedia. Ese elemento es un potente impulso primaveral que irrumpe con fuerza, una especie de sentimiento de furia y de ímpetu mezclados, como los que sienten todos los pueblos candorosos y toda la naturaleza ante la proximidad de la primavera. Es sabido que también nuestros carnavales y mascaradas son en su origen fiestas de la primavera como ésas, y que sólo por motivos eclesiásticos están antedatados. Aquí todo es instinto profundo. Aquel terrible entusiasmo dionisíaco de la antigua Grecia encuentra su analogía en los bailarines de San Juan y de San Vito de la Edad Media, que se trasladaban de una ciudad a otra, incrementándose en grandes masas, bailando, saltando, cantando. Aunque la medicina actual quiera hablar de aquel fenómeno como de una plaga popular de la Edad Media, nosotros estamos convencidos de que el drama antiguo ha surgido de una plaga popular como ésa, y que la desgracia de las artes modernas es precisamente *no* haber surgido de esa fuente llena de misterio. No procede de un capricho ni de una alegría desenfrenada y arbitraria el que, en los primeros comienzos del drama, un tropel salvajemente agitado vagara por los campos y los bosques con disfraces de sátiros y silenos, tiznados los rostros de hollín, de minio y otras sustancias vegetales, portando en las cabezas coronas de flores: el omnipotente efecto de la primavera, anunciándose repentino, eleva también aquí las fuerzas vitales hasta un exceso tal que por todas partes emergen los estados de éxtasis, las visiones, y la creencia en su propio encantamiento, y armonizados en estos sentimientos los llevan consigo en tropel a través de los campos. Aquí se encuentra la cuna del drama[10]. Pues éste no comienza con que alguien se disfrace y pretenda provocar un engaño en los otros, sino más bien con el hecho de que uno se encuentre fuera de sí y se descubra transformado y hechizado. En el estado «fuera de sí», en el éxtasis, sólo se requiere un paso más: no regresar ya a nosotros mismos, sino convertirnos en otro ser, de modo tal que nos comportemos como seres hechizados. En esto reside el fundamento último del profundo estupor que sentimos ante la contemplación del drama. El suelo vacila bajo nuestros pies, se hunde la creencia en la indisolubilidad y la rigidez

---

[10] Aquí culmina una primera descripción de lo *dionisíaco* en Nietzsche, que él vincula directamente al origen del drama. Como tal obedece a otro lugar común de la tradición que cristaliza en la *Frühromantik*, a la exaltación de la poesía ditirámbica tal como puede encontrarse ya en los escritos de Hamann sobre el genio frente a la razón moderna.

del individuo. Y así como el entusiasta de Dionisos cree en su transformación, al contrario que Zettel en el *Sueño de una noche de verano*[11], así cree el poeta dramático en la realidad de sus formas. Quien no tiene esa creencia, ése puede pertenecer ciertamente a los que agitan los tirsos, a los diletantes, pero no a los verdaderos oficiantes de Dionisos, los bacantes[12].

Algo de esa dionisíaca naturaleza habitaba aún en el alma de los espectadores en la época del apogeo del drama ático. No era un público fatigado y aburrido, abonado todas las tardes, que acude al teatro con los sentidos cansados y ajetreados, para repararlos en la emoción. Frente a ese público, que es la camisa de fuerza de nuestro actual teatro, el espectador ateniense, cuando se instalaba en las gradas del teatro, tenía sus sentidos matinales todavía frescos, preparados para la fiesta. Lo simple no era para él aún demasiado simple. Su sabiduría estética consistía en los recuerdos de otros anteriores días felices de teatro, su confianza en el genio dramático de su pueblo no tenía límites. Pero, lo que es más importante, sorbía tan raramente el trago de tragedia que la disfrutaba cada vez como la primera. En este sentido quiero mencionar la palabra del más destacado de los arquitectos vivos que ofrece su voto a favor de los frescos en los techos y las cúpulas pintadas: «nada hay más beneficioso para el arte —nos dice— que alejarse del contacto inmediato con lo próximo y de la mirada habitual de los hombres. Mediante la costumbre de lo que se ve con comodidad se atrofia de tal modo el nervio óptico, que sólo reconoce el atractivo y las relaciones de los colores y las formas como a través de un velo»[13]. Sin duda

---

[11] Tomado de Wagner. Cfr. *Beethoven*, Leipzig, 1870, pág. 58.

[12] Cfr. Platón, *Fedón*, 69 c-d.

[13] Cita tomada de Gottfried Semper, *Der Stil in der technischen und tektonischen Künsten, oder prakstische Aesthetik. Ein Handbuch für Techniker, Künstler und Kunstfreunde*, Fráncfort del Meno, 1860, vol. I, pág. 75.

cabe afirmar algo análogo también respecto del raro placer del drama: favorece tanto a las imágenes como al drama el que sean contemplados con una actitud y una sensación desacostumbradas, aunque para eso no llegamos a tanto como recomendar la antigua costumbre romana de permanecer de pie en el teatro.

Hasta ahora sólo nos hemos ocupado del actor y del espectador. Pensemos ahora en tercer lugar en el poeta, y desde luego utilizo aquí la palabra en su sentido más amplio, tal como los griegos la entendían[14]. Es cierto que los trágicos griegos sólo han ejercido su inconmensurable influjo sobre el nuevo moderno como libretistas; pero si eso es verdad, por mi parte estoy convencido de que una representación completa y verdadera de una trilogía de Esquilo, con actores, público y poetas áticos, debería producir en nosotros realmente un efecto devastador, porque nos presentaría a los artistas en una perfección y armonía frente a las cuales nuestros grandes poetas podrían parecer estatuas, bellamente comenzadas, pero inacabadas.

La tarea para los dramáticos griegos de la antigüedad se presentaba tan difícil como quepa imaginar: una libertad como la que disfrutan nuestros poetas teatrales en la elección de las materias, de los actores y de innumerables cosas, le parecería al juez del arte griego una indisciplina. A lo largo de todo el arte griego fluye la orgullosa ley según la cual sólo lo más difícil es una tarea digna de un hombre libre. De este modo la autoridad y la gloria de una obra de arte plástica dependían de la dificultad de su ejecución, de la dureza de la materia empleada. Entre las dificultades especiales, en virtud de las cuales el camino de la fama para el dramático nunca fue suficientemente fácil, está la del número limitado de actores, el uso del coro, el círculo redu-

---

[14] Éste es otro tópico de la tradición alemana en torno al primer romanticismo. Bastaría con recordar cómo Schelling convierte a la poesía en el *organon* de la filosofía.

cido de mitos, y ante todo aquellas cinco virtudes del pentatleta, que consistían en la necesidad de tener talento como poeta, como músico, en la orquesta, en la dirección, y finalmente como actor. Lo que para nuestros poetas dramáticos es siempre la tabla de salvación es la novedad y, con ello, lo interesante de la materia que han elegido para su drama. Piensan, como los improvisadores italianos, que cuentan una historia nueva hasta su punto culminante y hasta la máxima tensión, y están convencidos por ello de que nadie se irá antes de la conclusión. Permanecer hasta el final mediante la excitación de lo interesante sería algo completamente inaudito para los griegos. Las materias de sus obras maestras eran perfectamente conocidas, y los oyentes estaban perfectamente familiarizados con ellas desde la infancia en forma lírica y épica. Ya era una hazaña suscitar una verdadera participación respecto de los hechos de un Orestes o de un Edipo, pero ¡qué reducidos, qué unilateralmente limitados eran los medios que había que usar para despertar esa participación! Aquí sobre todo entra en consideración el coro, que para el poeta antiguo era tan importante como lo eran para los trágicos franceses las personas distinguidas, que tenían su asiento a ambos lados del escenario, y que lo convirtieron en cierto modo en una antecámara principesca. Del mismo modo que los trágicos franceses no podían permitirse modificar a su gusto esos decorados en atención especial a ese «coro», que no interpretaba y que sin embargo interpretaba, del mismo modo que moldeaban con arreglo a ellos el lenguaje y los gestos sobre la escena, así también el coro antiguo reclamaba que la acción en cada representación se hiciera cara al público y en espacio abierto. Es esta una exigencia temeraria, pues la acción trágica y su preparación acostumbra a no tener lugar directamente en las calles, sino que se desarrolla mejor en lo oculto. Todo públicamente, todo a la luz del día, en presencia del coro: esa era la cruel exigencia. No se trataba de que a partir de alguna sutileza estética eso fuera exigido de vez en cuando, sino que más bien se alcanzó ese nivel en el largo proceso del desarrollo del drama. Y quedó instintivamente establecido que el gran genio tenía que hacer frente a una gran tarea. Es de sobra conocido que originariamente la tragedia griega no fue otra cosa que un gran canto coral. Pero ese conocimiento histórico nos da aquí la clave para resolver el asombroso problema. El efecto principal y global de la antigua tragedia se basaba en los mejores tiempos todavía en el coro. Era el factor con el que se tenía que contar sobre todo, que no se podía dejar de lado. Esa fase, en la que el drama se mantiene aproximadamente desde Esquilo hasta Eurípides, es aquella en la que el coro va retrocediendo progresivamente, pero no tanto como para no dar el color general al mismo. Sólo un paso más, y entonces la escena predomina sobre la orquesta, la colonia sobre la metrópoli. La dialéctica de los personajes y su canto solista se antepone y entonces sobrepuja a la hasta entonces vigente impresión general de la música coral. Ese paso se dio, y Aristóteles, el testigo del mismo, lo fijó en su famosa y absolutamente desorientadora definición[15], que nada tiene que ver con la esencia del drama de Esquilo.

El primer pensamiento, por tanto, para el esbozo de una composición dramática debía ser, pues, pensar un grupo de hombres y mujeres estrechamente vinculados con los personajes. A partir de ahí había que buscar motivos por los que pudiera llegar a producirse la irrupción de esa atmósfera lírico musical masiva. El poeta miraba en cierto modo desde el coro hacia los personajes, y con él lo hacía también el público ateniense. Nosotros que sólo tenemos el libreto miramos en cambio desde la escena hacia el coro. La significación de esto no puede agotarse con un símil. Si Schlegel[16] caracterizó al coro como *espectador ideal*, con esto

---

[15] *Poética*, 1449b, 21-28.
[16] Se refiere a A. W. Schlegel. Sin embargo el papel asignado al coro por Nietzsche se acerca bastante a la caracterización que ofrece Schelling en su *Filosofía del arte*, donde afirma: «El coro es en gran parte

sólo quiere decir que el autor concibe los acontecimientos tal como los concibe el coro, lo que indica a la vez cómo debería concebirlos, según su deseo, el espectador. Pero con ello sólo se ha puesto de relieve un aspecto. Ante todo es importante que los personajes del héroe griten a los espectadores mediante el coro y mediante un instrumento sus sensaciones en una colosal amplificación. Aunque constituido por un gran número de personas, se le representa no como una masa musical, sino como una única persona terrible imponente, dotada de pulmones sobrenaturales. No es este el lugar para indicar qué pensamiento ético reside en la música monódica del coro griego, y que constituye la más poderosa contraposición frente al desarrollo musical cristiano, en el que la armonía, el verdadero símbolo de la mayoría, dominó durante tanto tiempo que la melodía estuvo completamente escondida y hubo de ser descubierta de nuevo.

El coro es el que ha establecido los límites que se manifestaban en la fantasía poética, la religiosa danza del coro, con su *andante* solemne, puso coto al, en ocasiones, demasiado alegre espíritu inventivo del poeta. Mientras que la tragedia inglesa, sin una cortapisa como esa, es mucho más impetuosa con su fantástico realismo, más dionisíaca, pero se comparta en el fondo más melancólicamente, aproximadamente como un *allegro* de Beethoven. Que el coro tuviera más y mejores ocasiones para las expresiones líricas y patéticas, ése es en verdad el más importante principio de la economía del drama antiguo. Pero esto se alcanza también fácilmente en la más breve pieza de una leyenda, y por eso

---

la reflexión objetivada y representada que acompaña a la acción. Como la libre contemplación de lo terrible y lo doloroso en sí por sí eleva por encima del primer arrebato del miedo y del dolor, el coro fue, diríamos, un medio constante de atenuación y de reconciliación de la tragedia por la que el espectador era guiado a una consideración más serena...», pag. 706. Compárese con las afirmaciones de Nietzsche en distintos lugares sobre ese mismo papel del coro original.

falta en él todo enredo, todo elemento de intriga, toda esa combinación sutil y artificial, en resumen, todo aquello que precisamente constituye el carácter del drama moderno[17]. En el drama musical antiguo no había nada que hubiera de ser calculado. Incluso la astucia del héroe mitológico tenía en sí algo de honesta simplicidad. Nunca, ni tampoco en Eurípides, se transformaba la esencia del espectáculo en un juego de ajedrez[18]. Mientras que, en efecto, el modo ajedrecístico se ha convertido en el rasgo esencial de la llamada comedia nueva. Por eso los dramas antiguos se asemejan, en su construcción simple, a nuestras tragedias en un *único* acto e incluso todavía más a un quinto acto que en pasos rápidos y breves conduce hacia la catástrofe. La tragedia clásica francesa, en la medida en que tenía como su modelo el drama musical griego, pero sólo lo conocía como libreto, y porque encontraba dificultades en la introducción del coro, tuvo que incorporar un nuevo elemento, sólo para completar los cinco actos prescritos por Horacio. Semejante carga, sin la cual esa forma artística no se atrevería a navegar, fue la intriga, es decir, una tarea de averiguación para el entendimiento y un lugar para el caracoleo de las *pequeñas* pasiones, en el fondo de pasiones no trágicas. La tragedia antigua, comparada con ella, resultaba pobre en acción y suspense, se podría incluso decir que en los primeros pasos de su evolución no se tenía en cuenta la acción, el δρᾶμα en absoluto, sino que consideraba únicamente la pasión, πάθος. La acción irrumpió cuando surgió el diálogo, y una acción verdadera y seria no fue llevada a la escena siquiera en el momento de apogeo del drama. Originaria-

---

[17] Compárese con las afirmaciones de Schelling acerca de que justamente el coro es la más sublime y espléndida invención del arte griego, precisamente porque suprime causalidades en el acompañamiento, lo que señala en contraste con la tragedia moderna. Cfr. *Filosofía del arte*, 705.

[18] Nietzsche hace aquí un juego de palabras entre *Schauspiel* (espectáculo) y *Sachspiel* (ajedrez) que es imposible trasladar al castellano.

mente la tragedia no fue otra cosa que una lírica objetiva, un canto surgido de la condición de determinados seres mitológicos, y que se presentaban con sus propias vestimentas. Al principio debió haber un coro ditirámbico de hombres, vestidos de sátiros y silenos, intentando hacer comprender qué le había llevado a tal estado de excitación, lo que apuntaba inmediatamente a un rasgo determinado tomado de la lucha y la historia de los padecimientos de Dionisos, y que era rápidamente comprendido por los oyentes. Más tarde se introduciría incluso la divinidad, con un doble fin. El primero el de contar personalmente sus aventuras, en las cuales estaba inmerso él mismo, y mediante las cuales sus seguidores eran incitados a una más viva participación. Por otro lado, Dionisos es, en cierto modo, durante esos cantos, el modelo vivo, la estatua viva del dios. Y de hecho el actor antiguo tiene algo del convidado de piedra de Mozart. Un moderno escritor musical hace a este respecto la siguiente acertada observación: «En nuestro actor disfrazado —dice— se nos presenta un hombre natural, mientras que para los griegos lo que se presentaba en la máscara trágica era uno artificial, si se quiere, uno estilizado como héroe. Nuestros profundos escenarios, en los que frecuentemente se reúnen cientos de personas, convierten las representaciones en *pinturas* llenas de color, tan vivas como puedan llegar a ser. El estrecho escenario antiguo, con el adelantado muro del fondo, convertía a las solemnes figuras en movimiento en bajorrelieve vivo, en vivas imágenes de mármol del frontispicio de un templo. Si milagrosamente esas formas de mármol de la lucha entre Atenas y Poseidón hubiesen cobrado vida, habrían hablado el lenguaje de Sófocles»[19].

Regreso ahora al aspecto antes señalado, según el cual en el drama griego el acento reside en la pasión y no en la

---

[19] Tomado de August Wilhelm Ambros, *Geschichte der Musik*, 5 vols., Breslau, 1862-1882, vol. I, 288.

acción. Ahora se comprenderá fácilmente por qué yo pienso que somos *necesariamente* injustos contra Sófocles y Esquilo, puesto que no les *conocemos* realmente. No tenemos en realidad ningún criterio para controlar el juicio del público ático sobre un poeta, porque no conocemos, o sólo mínimamente, cómo la pasión y en general la vida sentimental podía ser llevada hasta provocar la impresión capaz de conmover. Ante una tragedia griega somos incompetentes, porque su efecto principal reposa en gran medida sobre un elemento que se ha perdido para nosotros, es decir, sobre la música[20]. Sobre el lugar de la música en el antiguo drama vale completamente aquello que Gluck expresó como exigencia en el célebre prologo de su *Alcestis*. La música debería apoyar la poesía, reforzar la expresión de los sentimientos y el interés de las situaciones, sin interrumpir la acción o molestar mediante inútiles adornos. Debería ser para la poesía aquello que la vitalidad de los colores y una afortunada mezcla de luz y sombra son para un dibujo impecable y bien dispuesto, elementos estos que sólo sirven para dar vida a las figuras sin estropear los contornos. La música, entonces, sólo se usó como instrumento para un fin. Su tarea era trasladar con fuerza a los oyentes el sentimiento de los dioses y los héroes. Por supuesto la palabra tenía también esa misma tarea, pero para ella era más difícil resolverla y sólo mediante rodeos. La palabra actúa primeramente sobre el mundo de los conceptos, y sólo a partir de ahí después sobre el sentimiento, y con frecuencia no alcanza del todo su objetivo por lo largo del camino. La música, por el contrario, alcanza directamente el corazón, como el verdadero lenguaje universal que todo el mundo comprende[21].

---

[20] La música es el elemento esencial de la tragedia en la concepción de Nietzsche, y en realidad ocupa el lugar de la poesía como arte supremo, lo que es una corrección que ya había realizado Schopenhauer en la tradición romántica.

[21] Esta observación la desarrolla Nietzsche en *DW*, 4.

Es cierto que todavía hoy se encuentran difundidos puntos de vista sobre la música griega que interpretan ese mundo tonal totalmente extraño para nosotros como si lo de menos hubiera sido en ella ese lenguaje universal para todos comprensible, sino más bien hubiera sido inventada por una vía erudita, a partir de abstractas doctrinas acústicas. Uno se encuentra aquí y allá, por ejemplo, con la superstición de que en la música griega la tercera mayor era sentida como una disonancia. Hay que liberarse completamente de representaciones como esa, y considerar siempre que para nosotros la música griega está más próxima que la de la Edad Media. Lo que se nos ha conservado de las composiciones antiguas recuerda en sus precisas articulaciones rítmicas a nuestra canción popular. Pero es que todo el arte poético y musical antiguo procede de la canción popular. Ciertamente existe también música instrumental pura, pero en ella sólo se hacía valer la virtuosidad. El griego auténtico siempre sintió ante ella una especie de incomodidad, algo importado de lo asiático extraño. De ahí que la verdadera música griega sea música vocal. El vínculo natural entre la palabra hablada y la cantada todavía no estaba roto, y esto hasta el grado de que necesariamente el poeta era a la vez compositor de su canción. Los griegos no tenían otro modo de conocer una canción que mediante el canto, pero al escucharlo también sentían la íntima unidad de palabra y sonido. Nosotros, que hemos crecido bajo el influjo del vicio artístico moderno del aislamiento de las artes, no estamos apenas ya en condiciones de disfrutar juntos el texto y la música. Nos hemos acostumbrado a disfrutar por separado el texto en la lectura (por lo que no nos fiamos de nuestro juicio cuando leemos en voz alta un poema o vemos representado un drama, y pedimos el libro) y la música en la audición. Incluso consideramos soportable el texto más absurdo, siempre que la música sea bella, algo que a un griego le hubiera parecido completamente bárbaro.

Además de esa recién resaltada hermandad entre poesía y música, aún hay dos cosas que caracterizan la música antigua: su simplicidad, es decir, su pobreza en la armonía, y su riqueza en medios de expresión rítmica. Ya he señalado que el canto del coro sólo se distinguía del canto solista en el número de voces, y que a los instrumentos que lo acompañaban sólo se les permitía una muy limitada armonía en el sentido moderno. La primera de todas las exigencias era que se *comprendiera* el contenido de la canción declamada, y haber comprendido verdaderamente una canción coral de Píndaro o de Esquilo, con sus audaces metáforas y sus repentinos cambios de ideas, eso presupone un sorprendente dominio del arte del recitado y a la vez una extraordinaria capacidad de acentuación musical y rítmica. Junto a la estructura del período rítmico-musical, que se movía en un estrecho paralelismo con el texto, corría por otra parte, a su vez, en cuanto medio de expresión externo, el movimiento de la danza, la orquéstica. En la evolución de los bailarines del coro, que se dibujaban como arabescos ante los ojos del espectador sobre la amplia superficie ocupada por la orquesta, uno podía sentir la música como si en cierto se hiciera visible. Mientras que la música elevaba el efecto de la poesía, la danza explicaba la música. Con ello para el poeta y músico a la vez surgía la tarea de ser, además, un creativo maestro de ballet.

Aquí hay que decir todavía algo sobre los límites de la música en el drama. El más profundo significado de esos límites, como talón de Aquiles del antiguo drama musical, en cuanto que el proceso de destrucción del mismo comienza en ellos, no debe entrar hoy en discusión, puesto que en mi próxima conferencia pienso hablar de la decadencia de la antigua tragedia, y con ello también de ese punto recién sugerido. Será bastante con señalar el hecho de que no todo lo que se componía podía ser cantado, y por ello se hablaba, como en nuestro melodrama, bajo el acompañamiento de la música instrumental. Pero tal recitado hemos de representárnoslo como un semirrecitado, de modo tal que su tono resonante propio no introducía ningún dualismo en el drama musical. Más bien el influjo de la música era dominante también en el habla. Se puede hallar alguna resonancia de ese tono recitativo en el llamado tono lectoral, con el que en la Iglesia católica eran hechos determinados rezos, se leían los evangelios, las epístolas. «El padre lector hace en las pausas y en los finales de las frases ciertas flexiones de la voz, con lo que se asegura la claridad de la exposición y a la vez se evita la monotonía. Pero en los momentos importantes de la ceremonia sagrada se eleva la voz del sacerdote, y el Padre Nuestro, el prefacio, la bendición se convierten en un canto declamatorio»[22]. En especial en el ritual de la misa cantada hay mucho que recuerda al drama musical griego, sólo que en Grecia todo era mucho más luminoso y en general más bello, con ello también menos interiorizado y sin ese infinito simbolismo lleno de misterios de la Iglesia cristiana.

Con esto he llegado, muy distinguida audiencia, al final. Hace un momento comparé al creador del drama musical antiguo con el pentatleta, el completo luchador de las cinco pruebas. Todavía otra imagen nos puede aproximar aún más a la significación que, para el arte antiguo en general, tuvo un tal luchador dramático-musical de las cinco pruebas. Esquilo tiene una importancia extraordinaria para la historia de la vestimenta antigua, en la medida en que él introdujo el libre pliegue, el grácil esplendor, el donaire del vestido principal, mientras que antes de él los griegos eran bárbaros en sus vestimentas y no conocían el pliegue. El drama musical griego significa el libre pliegue para el arte antiguo en su conjunto. Con él fue superado todo lo que no era libre, todo lo aislado de las artes particulares. En sus fiestas sacrificiales colectivas se cantaron a la vez himnos de belleza y osadía. Constreñimiento, y sin embargo gracia a la vez, pluralidad pero también unidad, muchas artes en la más elevada actividad, y a pesar de ello *una única obra de*

---

[22] Tomado de Ambros, ob. cit., I, pág. 290.

arte. Eso es el drama antiguo. Pero quien tenga en su memoria el ideal reformador del arte actual, debería reconocer que esta obra de arte del futuro no es otra cosa que un brillante y a la vez engañoso reflejo. Lo que esperamos del futuro es algo que ya fue realidad en un pasado de hace más de dos mil años.

Sócrates y la tragedia[1]

La tragedia griega pereció de modo distinto que la totalidad de los demás géneros artísticos antiguos con ella hermanados. Terminó de un modo trágico, mientras que aquellos fallecieron de la muerte más bella. Si lo acorde con una condición natural ideal es dejar la vida con una bella descendencia y sin convulsiones, el final de esos géneros artísticos antiguos nos muestra un mundo ideal como ese. Fallecen y desaparecen mientras su más bella descendencia levanta ya poderosamente la cabeza. Con la muerte del drama musical griego surgió en cambio un enorme vacío, y sobre todo un vacío profundamente sentido. Se decía que la poesía misma se había echado a perder, con sorna se enviaba al Hades a sus atrofiados y enflaquecidos epígonos, para que se alimentaran allí de las migajas de los maestros que les habían precedido. Se sentía, tal como se expresa Aristófanes, una tan íntima y cálida nostalgia hacia el último de los grandes fallecidos como cuando a alguien le asalta un fuerte y repentino apetito por las coles[2]. Cuando floreció realmente un nuevo género artístico, que honraba en la tragedia a su predecesora

---

[1] Esta conferencia tuvo lugar en Basilea el 18 de febrero de 1870, y se publicó por primera vez póstuma en 1927. Nuestra versión lo es a partir de la edición de la *KGW*, III, 2, págs. 25-41.
[2] Cfr. Aristófanes, *Las ranas*, 62-67.

y maestra, se pudo percibir con horror que ciertamente tenía los rasgos de su madre, pero eran aquellos que ésta había mostrado en su larga lucha con la muerte. Esa lucha mortal de la tragedia se llama Eurípides, y el género artístico posterior se conoce como comedia ática nueva. En ella sobrevivió la forma degenerada de la tragedia como monumento a su extremadamente penoso y difícil fallecimiento.

Es conocido el extraordinario reconocimiento de que gozó Eurípides por parte de los poetas de la nueva comedia ática. Uno de los más afamados, Philemon, explicó que se dejaría ahorcar inmediatamente con tal de poder ver a Eurípides en los infiernos, si estuviera convencido de que el difunto tendría todavía vida y entendimiento. Pero aquello que Eurípides tiene en común con Menandro y Philemon, y que lo convirtió en ejemplar para éstos, se puede resumir brevemente en una fórmula, a saber, que llevaron al público a los escenarios[3]. Antes de Eurípides había en los escenarios hombres heroicos estilizados, cuya procedencia de los dioses y semidioses de la antigua tragedia se reconocía inmediatamente. El espectador veía en ellos un pasado ideal de la helenidad, y con ello la realidad de todo lo que en momentos elevados vivía aún en su alma. Con Eurípides el espectador entró en el escenario y el hombre en la realidad de la vida cotidiana. El espejo que antes sólo había devuelto los rasgos de grandeza y atrevimiento se volvió más fiel y con ello más vulgar. El esplendor de las ropas se hizo en cierto modo más transparente, la máscara sólo media máscara, y las formas de la cotidianeidad se hicieron claramente más evidentes. Aquella imagen característica de los helenos, la figura de Odiseo, había sido elevada por Esquilo hasta una grandiosa y noblemente artera naturaleza pro-

---

[3] Compárese con Schelling, *Filosofía del arte*, donde afirma: «En Grecia se resistió el mayor tiempo posible a descender de la vida pública y política a la doméstica, con lo cual también perdió su fuerza mitológica. Esto ocurrió en la llamada comedia nueva...», pág. 717.

meteica. En manos de los nuevos poetas cayó hasta el papel del bondadoso y socarrón esclavo doméstico, que con tanta frecuencia aparece como temerario intrigante en el lugar central del drama[4]. Lo que Eurípides se atribuye como mérito en *Las ranas* de Aristófanes, a saber, haber limpiado el arte trágico mediante una cura de agua y haber aligerado su peso[5], eso vale sobre todo para las figuras de los héroes. En lo esencial, en el escenario de Eurípides, el espectador veía y oía ya sólo su propio doble, ciertamente revestido con el traje suntuoso de la retórica. La idealidad se retiró a la palabra y huyó del pensamiento. Pero justamente en este punto tocamos el notable aspecto que salta a la vista en la novedad de Eurípides: en él el pueblo aprendió a hablar[6]. De eso se vanagloria en contienda con Esquilo. A partir de él el pueblo sabe ahora

> Actuar según las reglas del arte
> medir con el compás cada línea
> observar, pensar, ver, comprender, engañar
> amar, caminar furtivamente,
> sospechar, mentir, sopesar[7]

A través de él la comedia se soltó la lengua, mientras que hasta Eurípides no se sabía de qué modo lo cotidiano podía hablar decorosamente sobre el escenario. La condición media del burgués, sobre la que Eurípides construyó todas sus esperanzas políticas, encontró ahora la palabra, mientras que hasta ese momento, en la tragedia el semidiós, en la antigua comedia el sátiro borracho o el semidiós, habían sido los maestros del habla

---

[4] Al final de la misma página dice Schelling refiriéndose a la nueva comedia: «surgieron primero las obras de intriga..., y la comedia descendió a la vida doméstica».
[5] *Las ranas*, 939-943.
[6] Ídem, 954.
[7] Ídem, 956-958.

He representado la casa y el patio, en el que vivimos y tejemos.

Y así me he expuesto el juicio, pues cada cual que es conocedor de aquello, ha podido juzgar sobre mi arte[8].

Sí, de este modo se vanagloria:

> Sólo yo he inoculado en mi entorno
> tal sabiduría, que el pensamiento y el concepto
> presto al arte, de modo tal que aquí
> cada cual puede filosofar, y la casa y el patio y el
> campo y el ganado
> se administra de modo tan inteligente como nunca
> hasta ahora.
> Constantemente investiga y reflexiona.
> ¿Por qué?, ¿para qué?, ¿quién?, ¿dónde?, ¿cómo?,
> ¿qué?
> ¿Adónde llegó aquello?, ¿quién me quitó eso?[9]

De una masa, así preparada e ilustrada, fue de la que nació de la nueva comedia, ese dramático juego de ajedrez[10] con su gusto por los golpes de astucia. Para esa nueva comedia Eurípides llegó a ser en cierto modo el maestro del coro. Sólo que ahora era el coro de los *oyentes* el que debía ser instruido. Tan pronto como éstos pudieron cantar euripideamente, nació el drama de los jóvenes señores endeudados, de los ancianos bondadosos y frívolos, de las heteras al estilo Kotzebue, de los prometeicos esclavos domésticos. Pero Eurípides, como maestro del coro, fue incesantemente celebrado. Incluso se le hubiera matado para aprender todavía más de él, si no se hubiera sabido que los

---

[8] Ídem, 959-961.
[9] Ídem, 971-979.
[10] Ya en la anterior conferencia había jugado con las palabras *Schauspiel* y *Sachspiel*, espectáculo y *ajedrez*, para denunciar la decadencia hacia lo intelectual de la tragedia que llega hasta Eurípides.

poetas trágicos estaban tan muertos como la tragedia. Pero con ella el heleno había renunciado a su inmortalidad, no sólo a su creencia en un pasado ideal, sino también a su creencia en un ideal futuro. La expresión del famoso epitafio «en la vejez frívolo y caprichoso»[11] vale también para la anciana helenidad. El momento y el chiste son sus más elevadas divinidades. El quinto estado, el de los esclavos, alcanza la hegemonía, al menos en cuanto al gusto.

En una mirada retrospectiva de este tipo es fácil intentar proferir fogosas, aunque injustas, acusaciones contra Eurípides como presunto seductor del pueblo, y concluir con las palabras de Esquilo: ¿qué mal *no* procede de él?[12] Pero cualquiera que sean esos malos influjos que de él se deriven, hay que dejar claro que Eurípides actuó siempre con su mejor saber y conciencia y que sacrificó generosamente toda su vida a un ideal. En el modo en que luchó contra lo que creyó reconocer como un terrible mal, cómo se enfrentó en solitario con el ímpetu de su talento y de su vida al mismo, reveló una vez más el espíritu heroico de los antiguos tiempos de la batalla de Maratón. Incluso puede decirse que en Eurípides el poeta alcanzó la condición de la semidivinidad, una vez esta misma fue desterrada de la tragedia precisamente a través de él. Pues aquel terrible mal que creyó reconocer, contra el que luchó heroicamente, fue la decadencia del drama musical. ¿Pero en qué descubrió Eurípides la decadencia del drama musical? En la tragedia de Esquilo y de Sófocles, sus contemporáneos de más edad. Esto es muy sorprendente. ¿No se habrá equivocado? ¿No se habrá alzado injustamente contra Esquilo y Sófocles? ¿No fue tal vez su reacción contra esa presunta decadencia el principio del fin? Todas esas preguntas resuenan momentáneamente entre nosotros.

---

[11] Goethe, *Sämmmtliche Werke*, 40 Bde. Stuttgart und Ausburg, 1855-1858, II, 253.
[12] Aristófanes, *Las ranas*, 1078.

Eurípides fue un pensador solitario, desde luego no un pensador según el gusto de la masa entonces dominante, en la que despertaba escrúpulos como personaje original desabrido. La suerte le favoreció tan poco como la masa y, puesto que para un poeta trágico de aquella época era la masa la que le daba la fortuna, se comprende fácilmente por qué en vida sólo muy escasamente alcanzó el honor de una victoria trágica. ¿Qué es lo que apartó tanto de la tendencia general al dotado poeta? ¿Qué es lo que le sacó de un camino que habían pisado hombres como Sófocles y Esquilo, y sobre el que brillaba el sol del favor popular? Una única cosa, precisamente esa creencia en la decadencia del drama musical. Pero esa creencia la había adquirido en las gradas del teatro. Durante mucho tiempo había observado con perspicacia qué abismo se abría entre una tragedia y el público ateniense. Aquello que había sido lo más elevado y lo más difícil para el poeta, no lo había sido para el público, sino que lo sentía como algo indiferente. Algo casual, no enfatizado en absoluto por el poeta, producía de pronto un enorme efecto en el público. Reflexionando sobre esa incongruencia entre la intención del poeta y su efecto, llegó gradualmente a una forma artística cuya ley fundamental era: «todo debe ser comprensible, para que todo pueda ser comprendido». Ahora cada elemento fue conducido ante el tribunal de esa estética racionalista, primero el mito, luego los caracteres principales, la construcción dramática, la música coral, finalmente, y lo más decisivo, el lenguaje. Lo que, en comparación con la tragedia de Sófocles, debemos sentir con más frecuencia como una deficiencia y un retroceso poético en Eurípides, es el resultado de ese enérgico proceso crítico, esa osada racionalidad. Se podría decir que aquí se da un ejemplo de cómo el crítico llega a ser poeta. Sólo que en la palabra «crítico» no nos debemos dejar llevar por la impresión de esos seres débiles e indiscretos que, hoy en día, no dejan a nuestro público ni siquiera opinar en lo concerniente al arte. Eurípides buscaba, por el contrario, hacerlo mejor que el poeta al que juzgaba, y el que no pueda poner como él los hechos detrás de las palabras, ese no tiene ningún derecho a comportarse públicamente como crítico. Quiero o puedo traer aquí un solo ejemplo de esa crítica productiva, aunque sería ciertamente necesario mostrar este punto de vista señalando todas las diferencias con Eurípides. Nada puede ser más contrario a nuestra técnica teatral que el *prólogo* de Eurípides[13]. El que una sola persona, sea divinidad o héroe, cuente quién es al comienzo del drama, anticipe los hechos tal como han ocurrido hasta ese momento, lo que ocurrirá a lo largo de la obra, eso lo calificaría un moderno poeta dramático como una insolente renuncia al efecto del suspense. Si ya se sabe todo lo que ha ocurrido y todo lo que ocurrirá, ¿quién va a querer esperar al final? Eurípides pensaba completamente de otro modo. El efecto de la tragedia antigua no recaía nunca en el suspense, en la estimulante incertidumbre acerca de lo que va a ocurrir, sino más bien en ese amplio *pathos* escénico en el que resonaba de nuevo el fundamental rasgo musical de ditirambo dionisíaco. Pero lo que sobre todo estorbaba el goce de esas escenas era un elemento ausente, un hueco en el tejido de la historia antecedente. Desde el momento en el que el espectador tiene aún que calcular qué sentido tiene este u otro personaje, esta o aquella acción, entonces resulta imposible su total inmersión en los hechos y las pasiones del héroe principal, resulta imposible la compenetración[14] trágica. En la tragedia de Esquilo-Sófocles estaba arreglado, la mayoría de las veces de modo muy ingenioso, el que en las primeras escenas se le dieran al espectador, de forma en cierto modo casual,

---

[13] Sobre el prólogo como síntoma de decadencia, cfr. Schelling, *Filosofía del arte*, 710.
[14] *Mitleiden* se traduce habitualmente por «compasión». Sin embargo en el contexto de Nietzsche, y a pesar de la importancia que la *compasión* tiene en Schopenhauer, creemos ser más fieles traduciendo, según los contextos, mediante expresiones como «compenetración» o «sentimiento común».

todos los hilos necesarios para la comprensión. Se mostraba así también en ese rasgo aquella noble maestría del arte que enmascaraba lo necesario, lo formal. Pero, aun así, Eurípides creyó advertir que durante aquellas primeras escenas el espectador vivía una auténtica intranquilidad por tener que resolver el problema matemático de lo acaecido anteriormente, y que para él se perdían las bellezas poéticas de la exposición. Por eso escribió un prólogo como programa, y dejó que se declamara por una persona de confianza, por una divinidad. Ahora podía organizar libremente el mito, pues precisamente mediante el prólogo quería superar cualquier duda sobre *su* configuración. En la plena conciencia de esa su ventaja dramatúrgica le reprochó a Esquilo, en *Las ranas* de Aristófanes:

> Iré inmediatamente a sus prólogos,
> para de esta forma criticarle
> la primera parte de la tragedia
> a ese gran espíritu.
> Es confuso cuando habla sobre los hechos.[15]

Pero lo que vale respecto del prólogo, vale igualmente también respecto del famoso *deus ex machina*[16]. Ofrece el programa del futuro, como el prólogo lo ofrece del pasado. Entre esta previsión y recapitulación épicas se sitúa la realidad lírico-dramática y el presente.

Eurípides es el primer dramaturgo que sigue una estética consciente. Intencionadamente buscó lo más comprensible. Sus héroes *son* realmente tal como hablan. Pero también se expresan completamente, mientras que los caracteres de Sófocles-Esquilo son más profundos y plenos que sus palabras: en realidad sólo balbucean sobre sí mis-

---

[15] *Las ranas*, 1119-1122.

[16] Schelling recoge ya esta idea, y habla literalmente del carácter destructivo del *deus ex machina* para la tragedia. Cfr. *Filosofía del arte*, 703.

mos. Eurípides crea las figuras y a la vez las desmonta. Ante su anatomía no queda ya nada oculto. Si Sófocles dice de Esquilo que éste hacía lo correcto, pero de modo inconsciente, entonces Eurípides debe haber tenido de él la opinión de que hacía lo incorrecto, precisamente *porque* lo hacía de modo inconsciente. Aquello que Sófocles *sabía* de más en comparación con Esquilo, y de lo que se vanagloriaba, no era nada que pudiera considerarse fuera del campo de la destreza *técnica*. Ningún poeta de la antigüedad hasta Eurípides hubiera estado en condiciones de presentar lo mejor de sí con verdaderos fundamentos estéticos. Pues lo maravilloso de toda la evolución del arte griego está precisamente en que el concepto, la conciencia, la teoría aún no habían tomado la palabra, y que todo aquello que el discípulo podía aprender del maestro era lo relativo a la técnica. Y esto es así de tal manera que, por ejemplo, lo que le da a Thorwaldsen la apariencia de antiguo es que reflexionaba poco y escribía y hablaba peor, que no había tomado conciencia de la verdadera sabiduría artística.

En Eurípides se da por el contrario una luminosidad contenida, propia de los artistas modernos: su carácter artístico casi no griego se puede concebir del modo más sintético bajo el concepto de *socratismo*. «Todo ha de ser consciente para ser bello» es el principio de Eurípides paralelo al socrático «todo ha de ser sabido para ser bueno». Eurípides es el poeta del racionalismo socrático[17].

---

[17] Estamos en uno de los momentos decisivos de la argumentación de Nietzsche en orden a alcanzar sus tesis fundamentales de *El nacimiento de la tragedia*. A partir de las críticas al prólogo y al *deus ex machina* de Eurípides como elementos de una estética consciente, Nietzsche hace descansar en esta frase la clave de la decadencia del drama musical griego, y desde ella, con el apoyo de las alusiones de Aristófanes a las relaciones entre Sócrates y Eurípides, convierte a Sócrates en el responsable de la misma, y descubre ya uno de los temas fundamentales de *El nacimiento de la tragedia*. En el siguiente ensayo, *La visión dionisíaca del mundo*, vinculará esta cuestión a la contraposición entre Apolo y Dionisos

En la antigüedad griega se tenía un sentimiento de la correspondencia entre ambos nombres, el de Sócrates y el de Eurípides. En Atenas estaba muy extendida la opinión de que Sócrates ayudaba a Eurípides a escribir. De lo que hay que concluir qué sutilmente se percibía el socratismo en la tragedia de Eurípides. Los seguidores de los buenos *tiempos antiguos* acostumbraban a unir el nombre de Eurípides y Sócrates como pervertidores del pueblo. También nos ha llegado que Sócrates se abstenía de acudir a la tragedia y sólo se instalaba entre los espectadores cuando se representaba una nueva obra de Eurípides. En un sentido más profundo ambos nombres aparecen juntos en la famosa sentencia del oráculo de Delfos, que influyó de modo tan determinante durante toda la vida de Sócrates. La palabra del dios de Delfos, según la cual Sócrates era el más sabio entre los hombres, incluía a la vez el juicio de que a Eurípides le correspondía el segundo lugar en el certamen de la sabiduría.

Es sabido cómo al principio Sócrates desconfió frente a la sentencia de la divinidad. Para comprobar si tenía razón, acudió a los políticos, a los oradores, a los poetas y a los artistas, a fin de conocer si entre ellos podía encontrar alguno más sabio que él mismo[18]. En todos los casos encuentra correcta la sentencia del dios. Ve que los hombres más famosos de su época se conciben a sí mismos presuntuosamente, y descubre que no tienen una conciencia adecuada de lo que hacen, sino que más bien se mueven por instinto. «Sólo por instinto», ese es el lema del socratismo. Nunca el racionalismo se ha mostrado más ingenuamente que en esa tendencia vital de Sócrates. Nunca le ha sobrevenido la más mínima duda sobre la corrección del planteamiento del problema en su conjunto. «La sabiduría consiste en saber» y «uno no sabe nada que no pueda expresar y llevar a la

---

[18] Se trata del famoso pasaje de la defensa de Sócrates, reproducido en Platón, *Apología*, 21 a-e.

convicción de otros». Éste es más o menos el principio de esa extraña actividad misionera de Sócrates, que debió reunir en torno a él una nube de la más oscura indignación, precisamente porque nadie estaba en condiciones de utilizar ese mismo principio contra Sócrates. Se hubiera necesitado para ello algo que nadie poseía, esa superioridad socrática en el arte del diálogo, en la dialéctica. Visto desde la profunda e infinita conciencia germánica ese socratismo aparece como un mundo invertido. Pero hay que suponer que Sócrates debió resultar ya para los poetas y artistas de esa época al menos muy aburrido y ridículo, especialmente cuando quiso dar a su improductiva erística la seriedad y la dignidad de una llamada divina. Los fanáticos de la lógica son tan insoportables como las avispas. Y ahora imagínese una monstruosa voluntad detrás de un entendimiento tan unilateral, la fuerza personal de un carácter inquebrantable encarnada en una fealdad fantásticamente atractiva, y entonces resultará comprensible que, incluso un gran talento como Eurípides, precisamente por la seriedad y la profundidad de su pensamiento, tuviese que ser arrebatado de un modo tan invencible hacia el camino de una creación artística *consciente*. La decadencia de la tragedia, tal como creyó verla Eurípides, era una fantasmagoría socrática. Puesto que nadie podía trasladar satisfactoriamente a palabras y conceptos la sabiduría de la antigua técnica artística, Sócrates negó esa sabiduría, y con él la negó el seducido Eurípides. Frente a esa «sabiduría» no sabida opuso entonces Eurípides la obra de arte socrática, ciertamente todavía bajo la envoltura de numerosas adaptaciones a la obra artística dominante. Una generación posterior reconoció acertadamente qué era envoltura y qué era esencial. Arrojó lo primero, y entonces el espectáculo ajedrecístico, la pieza de intriga, se reveló como el fruto del socratismo artístico.

El socratismo desprecia el instinto y con ello también el arte. Niega la sabiduría precisamente allí donde está su verdadero reino. En un solo caso aislado el propio Sócrates ha reconocido la fuerza de la sabiduría instintiva, y eso además de un modo muy característico. En situaciones especiales, donde su entendimiento vacilaba, alcanzaba Sócrates un suelo firme a través de una voz de un *daimon* que se le manifestaba prodigiosamente. Esta voz es disuasoria cada vez que aparece. La voz de la sabiduría inconsciente, pues, emergía en ese hombre totalmente extraño, para *obstaculizar* en ocasiones a la sabiduría consciente. También en esto se manifiesta hasta qué punto Sócrates pertenecía realmente a un mundo invertido y boca abajo[19]. En todas las naturalezas productivas lo inconsciente actúa directamente de forma creadora y afirmativa, mientras que la conciencia actúa crítica y disuasoriamente. En él el instinto se hace crítico y la conciencia creadora.

El desprecio socrático de lo instintivo encontró, además de Eurípides, todavía un segundo genio en el que provocó la reforma del arte, y una reforma aún más radical. También el divino Platón cayó en este punto como víctima del socratismo. Él, que había considerado el arte anterior como imitación de las imágenes sensibles[20], incluyó también a la «sublime y loable» tragedia (tal como él mismo se expresaba) entre las artes de la lisonja, que sólo acostumbraban a presentar lo agradable, la naturaleza sensible lisonjera, no lo desagradable pero a la vez útil[21]. Con plena intención agrupó a la tragedia con el arte de lavar y de cocinar[22]. Un arte tan colorido y variado contrariaba el espíritu razonable, era una peligrosa chispa para lo excitante y lo sensual. Razón suficiente para desterrar a los poetas trágicos del Es-

---

[19] Schelling juega repetidamente con el concepto de *inversión* para explicar el paso de la tragedia a la comedia *(Filosofía del arte*, 711-712), cuyo tránsito, como hemos visto, tiene a su vez en Nietzsche una estrecha relación con el socratismo.

[20] *República*, 600 e 5.

[21] Cfr. *Gorgias*, 502 b-c 3.

[22] Cfr. *Gorgias*, 463, b. Lo que allí se compara es la retórica y no la tragedia.

tado ideal. En general los artistas pertenecían, según él, a una ampliación superflua de las instituciones estatales, como las nodrizas, las limpiadoras, los barberos y reposteros. La desconsiderada e intencionadamente dura condena del arte tiene en Platón algo de patológico. Él, que sólo había llegado hasta esa visión en su furia contra la propia carne, él, que en favor del socratismo había pisoteado su profunda naturaleza artística, muestra, en la aspereza de esa condena, que la profunda herida de su ser no está aún cicatrizada. La auténtica capacidad creadora del poeta, en la medida en que no representaba la visión consciente de la naturaleza de las cosas, fue tratada por Platón en la mayoría de los casos sólo irónicamente, y con el mismo desprecio que el talento de los adivinos y augures. El poeta no es capaz de componer hasta que no se inspira y pierde la conciencia, y no queda ya en él entendimiento. A estos artistas *irracionales* opone Platón la imagen del verdadero artista, del artista filosófico, y da a entender de modo inequívoco que él es el único que ha alcanzado el ideal, y cuyos diálogos pueden ser leídos en el estado perfecto. La esencia de la obra de arte platónica, del diálogo, es, sin embargo, la de la ausencia de forma y estilo, engendrada de la mezcla de todos los estilos y formas. Ante todo no se debería reprochar al nuevo arte lo que en la concepción de Platón era la carencia fundamental del antiguo, a saber, que no ha de ser imitación de una imagen sensible. Es decir, expresado en la forma usual, para el diálogo platónico no ha de ofrecerse nada de la realidad natural que hubiera sido imitada. Así osciló entre todas las formas artísticas, entre poesía y prosa, entre el relato y el drama lírico, del mismo modo como rompió la antigua ley estilística de la uniformidad de la forma lingüística. Pero en los escritores cínicos el socratismo se eleva aún a una mayor deformación: en el más abigarrado estilo, mediante vacilaciones aquí y allá entre las formas prosaicas y métricas, buscan reflejar, en cierto modo, la naturaleza silénica extrema de Sócrates, sus ojos de cangrejo, sus labios protuberantes, su barriga caída.

¿Quién no le daría la razón a Aristófanes respecto de los antiartísticos efectos del socratismo, tan extensamente propagados, y que aquí sólo hemos insinuado, cuando le hace cantar al coro?:

> ¡Salud a aquel que junto a Sócrates
> no gusta de sentarse y hablar,
> no condena las musas del arte,
> y no pasa por alto despectivamente
> lo más elevado de la tragedia.
> Fatua locura es, desde luego,
> hablar de forma hueca y afectada
> y aplicar una ociosa diligencia
> en abstractas cavilaciones[23].

Pero lo más profundo que se puede decir contra Sócrates se lo dijo una visión. Como él mismo cuenta a sus amigos en la prisión, una y otra vez se le reproducía el mismo sueño, en el que siempre se le decía lo mismo: «Sócrates, haz música.» Pero hasta el día de su muerte se tranquilizó pensando que su filosofía era la música más elevada. Finalmente en la prisión, para liberar completamente su conciencia, consiente en tocar también esa música «vulgar»[24]. Realmente transcribió en verso una fábula prosaica que le era conocida, aunque desde luego no creo que con ese ejercicio métrico consiguiera que la musa se reconciliara con él.

En Sócrates se encarnó sin mezcla alguna *un* aspecto de lo griego, esa *claridad apolínea,* brillando como un penetrante y puro rayo de luz, como precursor y heraldo de la *ciencia,* que en todo caso debía nacer en Grecia. Pero la ciencia y el arte se excluyen. Desde este punto de vista es significativo que Sócrates sea el primer gran griego que era feo. Hasta ese punto es todo en él simbólico. Es el padre de la lógica, que representa del modo más nítido la naturaleza de

---

[23] Aristófanes, *Las ranas,* 1491-1499.
[24] Platón, *Fedón,* 61 a.

la ciencia. Él es el aniquilador del drama musical, que había reunido en su seno los rayos luminosos del arte antiguo en su conjunto.

Esto último lo es aún en un grado más profundo de lo que hasta ahora hemos dado a entender. El socratismo es más antiguo que Sócrates. Su influjo disolvente sobre el arte se había hecho notar ya mucho antes. El elemento de la dialéctica, que le es lo más propio, se había colado furtivamente y había ya actuado de forma devastadora en el cuerpo bello del drama. La infección tuvo su punto de partida en el diálogo. Como es sabido, el diálogo no es originario en la tragedia[25]. Sólo desde que hubo dos actores, por tanto relativamente tarde, se desarrolló el diálogo. Previamente había existido algo parecido en el intercambio de discurso entre el héroe y el corifeo, pero, por supuesto, ahí era imposible la subordinación de uno al otro en la *lucha* dialéctica. Pero, tan pronto como dos protagonistas igualmente cualificados se enfrentaron, entonces surgió, según un antiguo instinto griego, la contienda, y desde luego la contienda basada en palabras y razones, mientras que el diálogo amoroso de la tragedia griega quedó apartado para siempre. Con esa contienda se apeló en el corazón del espectador a un elemento que hasta entonces, hostil al arte y odiado por las musas, había estado desterrado del espacio festivo de las artes dramáticas: la *mala Éride*. La *buena Éride* había actuado ya desde antiguo en todos los actos de las musas, y en la tragedia llevaba a tres poetas a competir ante el pueblo reunido como juez. Pero tan pronto como la imagen de la discordia verbal, procedente de la sala de au-

---

[25] Después de las generalizaciones de escaso rigor filológico pero de gran impacto para su trayectoria filosófica, regresa Nietzsche a consideraciones de estricta filología con las que apoyar su tesis sobre el socratismo. Para ello se sirve de nuevo de un lugar común de la estética alemana, la de que el exceso de argumentación constituye una de las causas de la decadencia del drama. Cfr. Friedrich Schlegel, KA, XI, 81.

diencias, hizo acto de presencia, entonces surgió por primera vez un dualismo en la esencia y el efecto del drama musical. A partir de aquí hubo partes de la tragedia en las que retrocedió la compasión frente a la clara alegría estridente del juego de armas de la dialéctica. El héroe del drama no podía sucumbir, sólo tuvo que convertirse ahora también en héroe de la *palabra*. El proceso debió tener su comienzo en la llamada *esticomitia*, y continuó abriéndose paso después en los cada vez más largos discursos de los actores principales. Paulatinamente todos los personajes llegan a hablar con un despliegue de agudeza, claridad y transparencia tales que a nosotros la lectura de una tragedia de Sófocles nos causaría una desconcertante impresión. Nos parece como si todas esas figuras en el fondo no tuvieran nada que ver con lo trágico y sí con una superfectación de lo lógico. Basta con una simple comparación con el modo tan distinto en el que practican la dialéctica los héroes de Shakespeare. Por encima de todas sus cavilaciones, suposiciones y razonamientos se extiende una especie de belleza musical y de interiorización, mientras que en la tragedia musical griega tardía domina un sospechoso dualismo en cuanto al estilo, aquí el poder de la música, allí el de la dialéctica. La última va siempre predominando, hasta que finalmente acaba pronunciando la palabra decisiva en la construcción del drama en su conjunto. El proceso termina en la pieza de intriga, con ella ese dualismo ha sido ya completamente superado, con el resultado de la total aniquilación de uno de los contendientes, la música.

A este respecto es muy significativo que el proceso culmine en la *comedia* y comience en la *tragedia*. La tragedia, surgida de las profundas fuentes de la compasión, es en su esencia *pesimista*. La existencia es en ella algo terrible, y el hombre algo muy necio. El héroe de la tragedia no se manifiesta, como pretende la estética moderna, luchando contra el destino, y aún menos padeciendo por sus merecimientos. Más bien se precipita en su desgracia, ciego, y con la cabeza cubierta[26]. Y su conducta desconsolada aunque noble, con la que permanece ante ese mundo terrible y conocido, se clava en nuestra alma como un aguijón. En cambio la dialéctica, por razón de su esencia misma, es optimista. Cree en causas y efectos y con ello en una relación necesaria entre culpa y sanción, virtud y felicidad. Sus cuentas deben resolverse sin resto alguno. Niega todo lo que no puede descomponer conceptualmente. La dialéctica alcanza continuamente su objetivo. Cada conclusión es para ella motivo de júbilo, la claridad y la conciencia el único aire en el que puede respirar. Cuando ese elemento penetra en la tragedia surge entonces un dualismo como el que se da entra la noche y el día, la música y las matemáticas. El héroe que debe defender sus acciones mediante argumentos y contraargumentos, corre el peligro de perder nuestra compasión, puesto que la desgracia que, a pesar de todo, le sobrevendrá más tarde, demostrará sólo que se ha equivocado en algún momento. Pero la desgracia como consecuencia de un error de cálculo es ya más bien un motivo cómico. Cuando el placer por la dialéctica había destruido la tragedia, surgió la nueva comedia con su continuo triunfo de la astucia y la artimaña.

La conciencia socrática y su creencia optimista en la unión necesaria entre virtud y conocimiento, entre felicidad y virtud, tuvo el efecto, en un gran número de obras de Eurípides, de que la mayoría de las veces la perspectiva de una vida posterior placentera al final de la obra se abra con un matrimonio. Tan pronto como aparece el *deus ex machina*, advertimos que detrás de la máscara se esconde Sócrates y busca equilibrar en su balanza felicidad y virtud. Todo el mundo conoce el principio socrático: «La virtud es conocimiento. Sólo se obra mal por ignorancia. El virtuoso

---

[26] Schelling, apoyándose en Aristóteles, afirma que lo trágico reside precisamente en que lo que caracteriza al héroe trágico es que la culpa misma sea fatalidad y no fruto de un error. Cfr. *Filosofía del arte*, 695.

es feliz.» En esas tres formas fundamentales del optimismo reside la muerte de la tragedia pesimista. Mucho antes de Eurípides tales visiones habían trabajado ya en la disolución de la tragedia. Si la virtud es conocimiento, entonces el héroe virtuoso ha de ser dialéctico. En la extraordinaria simpleza e insuficiencia de ese pensamiento ético, completamente embrionario, el héroe ético que ejerce la dialéctica sólo aparece con mucha frecuencia como el heraldo de la trivialidad y del filisteismo moral. Sólo hay que tener el valor de confesárselo, hay que reconocer, por no hablar de Eurípides, que también las bellas formas de la tragedia de Sófocles, una Antígona, una Electra, un Edipo, caen de vez en cuando en pensamientos triviales del todo insoportables, que sin excepción sus caracteres dramáticos resultan siempre más bellos y grandiosos que sus manifestaciones verbales. Desde este punto de vista nuestro juicio sobre la antigua tragedia de Esquilo debe resultar todavía mucho más favorable, teniendo en cuenta que Esquilo hizo lo mejor de su obra sin saberlo. En la creación de los caracteres y en el lenguaje de Shakespeare encontramos un inquebrantable punto de apoyo para tales comparaciones. En él se puede encontrar una sabiduría ética frente a la cual el socratismo aparece como pretencioso y sabihondo.

En mi última conferencia intencionadamente hablé poco sobre los límites de la música en el drama musical griego. En el contexto de esta discusión se entenderá ahora por qué he apuntado a los límites de la música en el drama musical como el punto peligroso en el que se inició el proceso de su destrucción. La tragedia pereció a causa de una dialéctica y ética optimistas. Esto es tanto como decir que el drama musical pereció a causa de una carencia musical. El socratismo introducido en la tragedia impidió que la música se amalgamara con el monólogo y el diálogo, aunque ya en la tragedia de Esquilo se había dado el más exitoso comienzo para ello. Otra consecuencia de esto fue que la música, cada vez más constreñida, llevada cada vez a más estrechos límites, no se sintió ya cómoda en la tragedia, sino que se desarrolló libre y audazmente fuera de ella como arte absoluto. Es ridículo hacer aparecer un espíritu durante una comida a mediodía, es ridículo exigir de una musa llena de misterio y de verdadera inspiración que aparezca en la sala de juicios para cantar en las pausas del duelo dialéctico. Ante el sentimiento de esa ridiculez enmudeció la música en la tragedia, horrorizada a la vez ante su increíble profanación. Cada vez con menos frecuencia se atreve a elevar de nuevo su voz, finalmente enloquece, canta cosas que no le corresponden, se avergüenza, y acaba huyendo de los teatros. Para hablar sin tapujos, el momento culminante y supremo del drama musical es Esquilo en su primer gran período, antes de ser influido por Sófocles. Con Sófocles comienza la paulatina decadencia hasta que finalmente Eurípides, con su consciente reacción frente a la tragedia de Esquilo, puso fin al proceso con celeridad de tormenta.

Este juicio es sólo contrario a una determinada estética extendida actualmente. En realidad para validarle no hay mejor testimonio que el de Aristófanes, que se aproxima como ningún otro al genio de Esquilo. Pero sólo lo igual es reconocido por lo igual.

Para terminar una única pregunta ¿Realmente ha muerto el drama musical? ¿Para todos los tiempos? ¿No podrían los alemanes ayudar a presentar de nuevo esa desaparecida obra de arte del pasado, como gran ópera, más o menos del mismo modo como junto a Hércules acostumbraba a aparecer el mono? Ésta es la pregunta más transcendente para nuestro arte, y el que como alemán no comprenda la seriedad de esta pregunta...[27].

---

[27] El texto tal como fue leído por Nietzsche termina con una alusión a la prensa judía (que falta en *KGW*, III, 2) como el actual socratismo. Esa versión la recoge el aparato crítico de *KGW* III, 5/1, 670: «... ése es víctima del socratismo de nuestros días, el cual en todo caso no es capaz de producir mártires ni habla en el lenguaje del más sabio de los hombres. Ese socratismo es la prensa judía. No digo una palabra más».

La visión dionisíaca del mundo[1]

1

Los griegos, que muestran y a la vez ocultan en sus dioses la doctrina secreta de su visión del mundo, pusieron como una doble fuente de su arte a dos divinidades, Apolo y Dionisos[2]. Esos nombres representan dos estilos contrapuestos en el ámbito del arte, estilos que casi siempre en-

---

[1] Escrito por Nietzsche en junio y julio de 1870. Lo reelaboró más tarde para incorporarlo como como primer capítulo del texto *Origen y finalidad de la tragedia*, escrito en el invierno del 70-71, con el título *El origen del pensamiento trágico*. Finalmente Nietzsche incorporó más tarde la mayor parte de su contenido, con algunas variantes, a los 7 primeros parágrafos de la versión publicada de *El nacimiento de la tragedia*. Nuestra versión lo es a partir de *KGW*, III, 2, págs. 43-69.

[2] El lector del *El nacimiento de la tragedia* encuentra esta tesis como la primera del libro, sin embargo Nietzsche tardó unos meses en darla a luz, tras las dos conferencias públicas, *El drama musical griego* y *Sócrates y la tragedia*, de enero y febrero de 1870 respectivamente. En ellas hay ya alusiones o incluso descripciones sobre el arte dionisíaco, pero sólo una alusión a Apolo en la segunda, vinculada ya a la figura de Sócrates. Destacamos este dato porque permite datar esta oposición apolíneo-dionisíaco, tan importante no sólo para este escrito sino para la evolución ulterior de Nietzsche. Esto nos permite comprender que se trata de una generalización posterior a las ideas sobre la decadencia de la tragedia que Nietzsche ha esbozado previamente en las dos conferencias mencionadas. De la procedencia de la oposición, así como de las ideas sobre la decadencia, nos hemos ocupado en nuestra Introducción.

traban en competencia el uno con el otro, y sólo una vez, en el momento culminante de la «voluntad» helénica, aparecen reunidos en la obra artística de la tragedia ática. El hombre, de hecho, alcanza el gozo de la existencia en dos estados, en el *sueño* y en la *embriaguez*. La bella apariencia del mundo onírico, en el que cada hombre es un artista pleno, es el padre de todas las artes plásticas y, como veremos, también una importante mitad de la poesía. En una comprensión inmediata gozamos de la figura y todas las formas nos hablan; no hay nada indiferente e innecesario. En la más elevada vida de esa realidad del sueño retenemos todavía la resplandeciente sensación de su *apariencia*. Sólo cuando ésta cesa, comienzan los efectos patológicos, en los que el sueño ya no es reparador y cesa la salvífica fuerza natural de su estado. Pero en el interior de esa frontera no se dan sólo, sin embargo, las imágenes agradables y amables que buscamos en nosotros mismos con toda su inteligibilidad. También lo serio, lo triste, lo sombrío, lo tenebroso es visto con el mismo placer, sólo que también aquí todavía el velo de la apariencia ha de darse en ondeante movimiento y no ha de ocultar del todo las formas fundamentales de lo real. Así mientras el sueño es el juego con lo real del hombre individual, el arte plástico es (en sentido amplio) el *juego con el sueño*. La estatua, como bloque de mármol, es algo muy real, pero lo real de la estatua como *figura del sueño* es la personalidad viva del dios. En tanto la estatua está todavía suspendida como imagen de la fantasía ante los ojos del artista, entonces éste aún juega con lo real, pero cuando finalmente la traduce al mármol, entonces juega con el sueño.

¿En qué sentido pudo *Apolo* ser convertido en dios del arte? Sólo en la medida en que es el dios de las representaciones oníricas. Él es el resplandeciente de modo radical, en su más profunda raíz es el dios del sol, de la luz que se manifiesta en su fulgor. La «belleza» es su elemento. A él le corresponde la eterna juventud. Pero también la bella apariencia del mundo de los sueños es su reino. La suprema verdad de sus estados, su perfección frente a la fragmentaria inteligibilidad de la realidad cotidiana, hacen de él el dios del vaticinio, pero también ciertamente un dios del arte. El dios de la bella apariencia debe ser a la vez el dios del verdadero conocimiento. Pero esa tenue frontera, que la imagen del sueño no ha de traspasar para no actuar patológicamente, donde la apariencia no sólo produce ilusión sino que engaña, no ha de faltar tampoco en la esencia de Apolo: ese límite mesurado, esa libertad frente a los impulsos salvajes, esa sabiduría y tranquilidad de ánimo del dios de la plástica. Su ojo debe ser *solamente* sosegado, incluso si está enojado o mira con disgusto, aun en ese caso, sobre él recae la santificación de la bella apariencia.

El arte dionisíaco en cambio se basa en el juego con la embriaguez, con el éxtasis. Dos son ante todo las fuerzas que elevan al hombre natural ingenuo hasta el olvido de sí propio de la embriaguez: el impulso de la primavera y la bebida narcótica. Sus efectos se simbolizan en la figura de Dioniso. El *principium individuationis*[3] se quiebra en ambos estados, lo subjetivo desaparece por completo ante la impetuosa fuerza de lo humano en general, de lo natural-

---

[3] El *principium individuationis* es una expresión técnica de la filosofía de Schopenhauer, que incorpora un viejo problema filosófico al marco de su propia lectura de Kant en la que, como es sabido, en principio la voluntad y la representación se corresponden respectivamente con la cosa en sí y el fenómeno kantiano. El principio de individuación opera a partir del espacio y el tiempo. El uso que hace Nietzsche del mismo obedece a la tradición de la *Frühromnatik* que hemos encontrado también en aspectos relativos a la decadencia de la tragedia griega. La idea de una reunión con la naturaleza, que libere de los límites de la subjetividad individual, es un tópico de aquella tradición, y de la misma se encuentran múltiples versiones. Algunos ejemplos de distinto tono serían el ensayo *Juicio y ser* de Hölderlin, o las alusiones al *uno y todo* que compartieron Hegel, Schelling y Hölderlin en su estancia en Tubinga. Mas allá de esto se corresponde con una casi obsesión de la crítica romántica a la escisión moderna entre el hombre y la naturaleza, frente a la cual el arte puede hacer de mediador. Schopenhauer no es en eso original y obedece a esa misma tradición.

universal[4]. Las fiestas de Dionisos no sólo sellan la alianza del hombre con el hombre, sino que reconcilian también al hombre con la naturaleza. La tierra ofrece libremente sus dones, los animales salvajes se aproximan amistosamente, el carro coronado de flores de Dionisos es tirado por tigres y panteras. Todas las divisiones sociales, que la necesidad y el arbitrio han establecido entre los hombres, desaparecen. El esclavo se convierte en hombre libre. El hombre más noble y el más bajo se reúnen en el mismo coro de Baco. En multitudes crecientes va rodando de un lugar a otro el evangelio de la *armonía de los mundos*[5]. Cantando y bailando el hombre se expresa como miembro de una comunidad ideal superior. Ha desaprendido el caminar y el hablar. Aún más, se siente como hechizado, y verdaderamente se ha convertido en otra cosa. Así como los animales hablan y la tierra da leche y miel, así resuena también en él algo sobrenatural. Se siente como un dios, y aquello que antes sólo estaba vivo en su imaginación lo siente ahora en sí mismo. ¿Qué son para él ahora las imágenes y las estatuas? El hombre no es ya un artista, se ha convertido en una obra de arte, se transforma en algo tan extasiado y elevado como había visto a los dioses en sueños. Lo que aquí se manifiesta no es ya la fuerza artística de un solo hombre, sino la de la

---

[4] Sobre la búsqueda de un uno primordial que reunifique al hombre con la naturaleza nos hemos ocupado en la nota anterior. Más allá de Schopenhauer pueden, pues, encontrarse referencias constantes a este motivo en los años finales del XVIII y primeros del XIX en el círculo romántico. Seguramente el que más intensamente se ha ocupado de esta cuestión es Schelling, que lo convirtió en el hilo conductor de su primera filosofía. En las *Cartas filosóficas sobre dogmatismo y criticismo* hay un texto cuyo tono se corresponde muy bien con el utilizado aquí por Nietzsche y donde se contiene además una referencia a lo onírico como un estado de unificación. En el mismo sentido, en una obra posterior, llega a hablar de la filosofía, es decir, el equivalente del espíritu teórico-socrático en Nietzsche, como momento en el que emerge la ruptura con la naturaleza y la consiguiente escisión.

[5] Referencia a la *Oda a la Alegría* de Schiller.

naturaleza. Un sonido más noble, un mármol más valioso es lo que se amasa y se cincela: el hombre. Ese hombre formado por el artista Dionisos se comporta con respecto a la naturaleza como la estatua con el artista apolíneo. Si la embriaguez es el juego de la naturaleza con el hombre, entonces la creación del artista dionisíaco es el juego con la embriaguez. Este estado sólo se puede concebir de modo metafórico cuando no se ha experimentado en uno mismo. Es algo parecido a cuando uno sueña y a la vez percibe el sueño como sueño. Del mismo modo el oficiante de Dionisos debe a la vez entregarse a la embriaguez y mantenerse al acecho como observador. El arte dionisíaco se manifiesta no en el tránsito desde la contención a la embriaguez, sino en la coexistencia de ambas.

Esa coexistencia muestra el momento supremo de lo griego. Originariamente sólo Apolo es un rey del arte griego, y su poder fue el de contener el de Dionisos, procedente de Asia[6], en una medida tan amplia como para que pudiera surgir el más bello hermanamiento entre ambos. Aquí se comprende del modo más fácil el increíble idealismo del ser helénico: a partir de un culto a la naturaleza, que entre los asiáticos significa la liberación más grosera de los bajos instintos, una vida animal de promiscuidad, que durante un tiempo hace saltar todos los lazos sociales, se convirtió entre los griegos en una fiesta de salvación del mundo, en una jornada de transfiguración. Todos los impulsos sublimes de su ser se manifestaron en esa idealización de la orgía.

---

[6] La idea de la procedencia asiática de Dionisos la tomó Nietzsche probablemente de Bachofen, tal como le fue reprochado por Wilamowitz en su crítica posterior de *El nacimiento de la tragedia*. En realidad, en las fechas en las que escribe Nietzsche está ya ampliamente difundida y puede, por ejemplo, encontrarse ampliamente tratada en el último Schelling de la *Filosofía de la mitología*. Sobre las relaciones del escrito de Nietzsche con esta obra nos hemos ocupado en nuestra Introducción.

Pero nunca estuvo la helenidad en mayor peligro que ante la tempestuosa irrupción del nuevo dios. Por otra parte, nunca la sabiduría del délfico Apolo volvió a mostrarse en una luz más bella. Primero rodeó a regañadientes al poderoso contrincante con la red más sutil, a fin de que éste no pudiera advertir que le conducía semicautivo. Cuando el sacerdocio délfico comprendió el profundo efecto del nuevo culto en el proceso de regeneración social y favoreció ese mismo proceso según sus intenciones político-religiosas, cuando el artista apolíneo aprendió con la más mesurada moderación del arte revolucionario del culto de Baco, cuando, en fin, en el dominio anual del culto délfico pudo repartirse entre Apolo y Dionisos, entonces ambas divinidades resultaron vencedoras de su combate. De ahí resultó una reconciliación sobre el campo de batalla. Si se quiere ver con claridad con qué violencia el elemento apolíneo sometió el irracional elemento sobrenatural de Dionisos, basta con pensar que en el período musical más antiguo el γένος διθυραμβικόν (ditirámbico) era a la vez el ἡσυχαστικόν (esijástico). A medida que el espíritu del arte apolíneo crecía con más fuerza, se desarrollaba con más fuerza el dios hermano Dionisos[7]. Al mismo tiempo que el primero alcanzó una visión plena, inmóvil, en cierto modo, de la belleza en la época de Fidias, interpretó el otro el enigma y el horror del mundo, y expresó en la música trágica el más íntimo pensamiento de la naturaleza, el tejido de la *voluntad* en todos los fenómenos[8] y más allá de ellos.

Si la música es también un arte apolíneo, sólo lo es en sentido estricto el ritmo, cuya capacidad *plástica* fue desarrollada para representar los estados apolíneos. La música de Apolo es arquitectura en sonidos[9], pero precisamente en

---

[7] La misma idea se encuentra en Schelling, *SW,* II, 2, 667-668.

[8] Traducimos, en este contexto, *Erscheinungen* (apariencias) como fenómenos con el fin de acentuar el fondo schopenhaueriano de la frase y la doble dimensión, estética y metafísica, de la misma

[9] Expresiones análogas sobre la relación entre arquitectura y música se pueden encontrar ya en el Schelling de *Filosofía del arte,* ob. cit., pág. 291.

sonidos insinuados, tal como lo son los propios de la cítara. Cautelosamente se mantiene absolutamente alejado el elemento que constituye el carácter de la música dionisíaca y de la música en general, el poder estremecedor del sonido, y con éste el del incomparable mundo de la armonía. Para ésta tenía el griego el más fino sentimiento, tal como hemos de suponer a partir de los estrictos rasgos de los *modos tonales*, si bien la exigencia de una armonía realizada, realmente resonante, era para ellos inferior que en el mundo moderno. En la secuencia armónica, e incluso ya en su simplificación, en la llamada melodía, se manifiesta la «voluntad» de modo completamente inmediato, sin tener que introducirse previamente en una apariencia[10]. Cada individuo puede, como metáfora, servir, por así decir, como un caso particular para una regla general. Por el contrario el artista dionisíaco presentará la esencia de lo que aparece de modo inmediatamente comprensible. Domina sobre el caos de la voluntad que todavía no ha devenido figura, y a partir del mismo puede en cada momento creativo generar un nuevo mundo, pero del mismo modo *también el antiguo*, conocido como apariencia. En este sentido último es un artista trágico.

En la embriaguez dionisíaca, en el impetuoso recorrido de toda la escala musical de las almas por efecto de la excitación narcótica, o en la liberación de los instintos primaverales, la naturaleza se expresa en su más elevada potencia: reúne de nuevo a cada ser individual con los otros seres y les permite sentirse como unidad. De este modo el *principium individuationis* aparece a la vez como un estado de continuada debilidad de la voluntad. Cuanto más decaída está la voluntad, tanto más se desmenuza en lo individual, cuanto más se desarrolla el egoísmo, el arbitrio del individuo, más débil es el organismo al que sirve. En esas circunstancias se genera a la vez un rasgo sentimental de la

---

[10] Consideraciones análogas se pueden encontrar en Schopenhauer, *El mundo como voluntad y representación*, I, parágrafo 52.

voluntad, un «suspiro de la criatura»[11] por lo que se ha perdido. Desde el placer supremo suena el grito del horror, el nostálgico lamento de una pérdida irreparable. La exuberante naturaleza festeja a la vez sus saturnales y sus funerales. Los afectos de sus sacerdotes se mezclan del modo más maravilloso, el dolor provoca placer, el júbilo arranca tonos angustiosos. El dios ὁ λύσιος (el liberador) lo ha redimido todo, todo lo ha transformado. El canto y la mímica de masas así excitadas, en las que la naturaleza ha cobrado voz y movimiento, fue para el mundo griego homérico algo completamente nuevo e inaudito. Para ese mundo era esto algo oriental, que debía ser dominado junto con su inquietante fuerza rítmica y plástica, tal como simultáneamente se había dominado el estilo de los templos de Egipto. Era el pueblo apolíneo que encerraba en las cadenas de la belleza la pujanza del instinto. Había uncido al yugo los más peligrosos elementos de la naturaleza, sus bestias más salvajes. Lo que más maravilla del poder idealista de la helenidad es su espiritualización de las fiestas dionisíacas cuando se le compara con lo que ha surgido en otros pueblos a partir de los mismos orígenes. Fiestas parecidas se pierden en la noche de los tiempos, y sobre todo pueden constatarse como las más conocidas las de Babilonia, entre los saceos. Allí se destruían, en una fiesta de cinco días de duración, todos los lazos sociales y políticos. Pero el núcleo de la fiesta residía en el desorden sexual, en la negación de la familia mediante una ilimitada promiscuidad. El contrapunto de esto lo ofrece la imagen de la fiesta de Dionisos que Eurípides dibuja en *Las bacantes*. De él surge el mismo encanto, la misma transfiguración musical que Escopas y Praxíteles so-

---

[11] Expresiones análogas pueden encontrarse en Marx y Hegel, cuyas obras responden en origen al mismo problema de la modernidad al que se enfrenta Nietzsche a la altura de la *Segunda Revolución Industrial*. Sin embargo, la obra y la respuesta de Nietzsche, inicialmente orientada hacia la estética, como en el primer romanticismo, pertenece a la tradición contrapuesta a aquella en la que se inscriben Marx y Hegel.

lidificaron en estatua. Un mensajero cuenta que en el calor del mediodía ascendió con los rebaños a lo alto de la montaña. Es el momento justo y el lugar exacto para ver lo nunca visto. A esa hora duerme Pan, el cielo es el fondo inmóvil de un fulgor, y *florece* el día. En una dehesa advierte el mensajero tres coros de mujeres que yacen dispersas sobre el suelo y en actitud recatada, otras están apoyadas en los troncos de los abetos. Todo está en reposo. Repentinamente la madre del Penteo comienza a dar gritos de alegría, el sueño queda ahuyentado, todas se incorporan según un modelo de las más nobles costumbres. Las jóvenes y las mujeres dejan caer sus rizos sobre los hombros, se arreglan la piel de corzo que las cubre, si durante el sueño se han aflojado las cintas y los nudos. Se ciñen con serpientes que familiarmente lamen sus mejillas, y algunas mujeres llevan en brazos jóvenes lobos y corzos y los amamantan. Todas se adornan con coronas y enredaderas de yedra. Un golpe con el tirso sobre la roca y brota el agua, un choque con el bastón sobre el suelo y surge un manantial de vino. La miel más dulce gotea de las ramas, y con que alguien sólo roce el suelo con la punta de los dedos brota leche blanca como la nieve[12]. Es éste un mundo completamente encantado en el que la naturaleza festeja su reconciliación con el hombre. El mito dice que Apolo había reunido de nuevo a un Dionisos desmembrado. Ésta es la imagen del Dionisio reconstruido por Apolo, salvado de su destrucción asiática[13].

2

Los dioses griegos en su plenitud, tal como se nos ofrecen ya en Homero, no deben concebirse como nacidos de la necesidad y de la indigencia. Tales seres no fueron in-

---

[12] Cfr. Eurípides, *Las bacantes*, 678-712.
[13] Sobre esta reconstrucción de un Dionisos oriental a través del arte, compárese con Schelling, *SW*, II, 2, 635.

ventados por un espíritu sacudido por la angustia. No es para apartarse de la vida para lo que una fantasía genial proyectó sus imágenes sobre el cielo. De ellos nos habla una religión de la vida, no del deber, o de la ascesis, o de la espiritualidad. Todas esas figuras respiran el triunfo de la existencia, un exuberante sentimiento vital acompaña su culto. No exigen nada, en ellos es divinizado lo existente, indiferentemente de que sea bueno o malo. En comparación con la seriedad, la santidad y el rigor de otras religiones, la religión griega corre el peligro de no ser apreciada sino como un mero juego, si no se trae a la mente un rasgo de la más profunda sabiduría muchas veces olvidado, mediante el cual aquella divinidad epicúrea aparece como creación del incomparable pueblo artístico griego, y casi como la suprema creación sin más. La sabiduría del *pueblo* es aquella que el dios encadenado del bosque revela a los mortales: «lo mejor es no ser, lo segundo mejor morir pronto». Esa misma filosofía es la que constituye el fondo de aquel mundo de los dioses. El griego conocía el miedo y lo terrible de la existencia, pero lo ocultaba para poder vivir. Una cruz oculta bajo las rosas, según el símbolo de Goethe[14]. Ese carácter olímpico luminoso llegó a dominar sólo porque el oscuro reinado de la μοῖρα, que destinó a Aquiles a una muerte temprana y a Edipo al atroz casamiento, hubo de esconderse tras las resplandecientes figuras de Zeus, de Apolo, de Hermes, etc. Si se hubiera eliminado la *ilusión* artística de ese mundo intermedio, habría que haber seguido la sabiduría del dios del bosque, de los acompañantes de Dionisos. Es a partir de esa *necesidad* a partir de la cual el genio artístico de ese pueblo creó tales dioses. Por eso una teodicea no fue nunca un problema griego. Se privaba de atribuir a los dioses la existencia del mundo, y con ello la responsabilidad de su creación. También los dioses están sometidos a la ἀνάγκη (necesidad). He aquí un cono-

---

[14] *Xame Zenien*, III.

cimiento de la más inusual sabiduría. Ver su propia existencia, tal como es, en un espejo transfigurador y protegerse con este espejo frente a la Medusa. Esa fue la genial estrategia de la «voluntad» helénica, simplemente para poder vivir. Pues, ¿de qué otro modo hubiera podido soportar la existencia ese pueblo tan infinitamente sensible, tan espléndidamente dotado para el *dolor,* si *ésta* no se le hubiera mostrado en sus dioses aureolada de una suprema gloria? El mismo impulso que lleva al arte hacia la vida, como un complemento y perfección de la existencia que conduzca a la supervivencia, es también el que hizo surgir el universo olímpico, un mundo de belleza, de quietud y de goce.

Por el efecto de una religión como ésta en el mundo homérico la vida es concebida como en sí misma deseable: la vida bajo el solar resplandor de tales dioses. El *dolor* del hombre homérico tiene que ver con la despedida respecto de ese mundo, especialmente con una despedida prematura. Cuando el lamento resuena, suena de nuevo a partir del Aquiles de «corta vida», del rápido cambio del género humano, de la desaparición de la época heroica[15]. No es indigno del más grande héroe aspirar a la supervivencia, si es preciso incluso como jornalero[16]. Nunca la «voluntad» se ha expresado de modo más manifiesto como en el mundo griego, cuyo lamento es también su canto de alabanza. Por eso el hombre moderno anhela aquella época, en la que cree escuchar una total armonía entre el hombre y la naturaleza, por eso lo griego es la contraseña para todo aquel que ha buscado modelos esplendorosos para la afirmación consciente de su voluntad[17]. Por eso, finalmente, ha surgido de manos de escrito-

---

[15] Cfr. *Ilíada,* I, 348-352.

[16] Cfr. *Odisea,* XI, 488-491.

[17] Reaparece aquí, de modo consciente, la noción típicamente romántica de la modernidad y el tópico de la edad dorada griega propia del primer romanticismo, que sin embargo Nietzsche corrige en términos pesimistas, a partir de la influencia de Schopenhauer. De ahí la crítica a la imagen tópica de la jovialidad. Sin duda es éste uno de los ele-

res dados a la sensualidad el concepto de «jovialidad griega», de forma que así se atreven a justificar, incluso a honrar, una vida de placentera holgazanería con la palabra «griego».

En todas estas representaciones, se produce un extravío desde lo más noble a lo más vulgar, lo griego es tomado de modo demasiado tosco y simple, y en gran medida según la imagen formada por naciones nada sutiles, y en cierto modo unilaterales (como, por ejemplo, la de los romanos). La necesidad de la apariencia artística debería también presuponerse en la visión del mundo de un pueblo que suele convertir en oro todo lo que toca. Verdaderamente también encontramos aquí, como ya se ha señalado, una terrible ilusión en esa visión del mundo, la misma ilusión de la que normalmente se sirve la naturaleza para alcanzar sus fines. El verdadero objetivo se oculta bajo una imagen quimérica. Hacia ésta extendemos nuestras manos, mientras que la naturaleza alcanza el suyo mediante ese engaño. En los griegos la voluntad misma quería verse a sí misma transfigurada en obra de arte. Para glorificarla sus criaturas debían percibirse a sí mismas a su vez como glorificadas, debían verse de nuevo a sí mismas en una esfera más elevada, debían ascender en cierto modo hacia lo ideal, sin que ese mundo perfecto de la intuición actuase como imperativo o reproche. Ése es el mundo de la belleza en el que los olímpicos ven sus imágenes reflejadas como en un espejo. Con este arma luchó la voluntad helénica contra el talento correlativo al artístico, el del dolor y de la sabiduría del dolor. De esa lucha y como monumento a su *victoria* nació la tragedia[18].

---

mentos más originales del tratamiento de los griegos por parte de Nietzsche, si bien, como decimos, obedece a la influencia de Schopenhauer. Con el tiempo, sin embargo, Nietzsche abandona ese pesimismo para recobrar el concepto de jovialidad, aunque ya no apegado a la noción del mundo griego.

[18] Este juego del mundo ideal de la divinidad frente a la existencia tampoco es original de Nietzsche. Pueden encontrarse fórmulas análogas en el Schelling de la *Filosofía del arte*, parágrafos 31 a 35.

La *embriaguez del dolor* y del *bello sueño* tienen mundos de divinidades distintos. La primera penetra con toda la fuerza de su ser en el más íntimo pensamiento de la naturaleza, reconoce el terrible impulso de existir y a la vez la continua muerte de todo lo que existe. Los dioses que crea son buenos y malos. Se parecen al azar. Estremecen con una metodicidad que emerge de improviso, carecen de compasión, y de placer ante la belleza. Están emparentados con la verdad y se aproximan al concepto. Sólo rara vez y difícilmente se solidifican en figuras. Contemplarlos te hace de piedra ¿Cómo vivir con ellos? Es que no se ha de vivir: ésa es su doctrina.

La mirada debe apartarse de este mundo de dioses, si no completamente, si al menos tanto como para poder ocultar un penoso misterio, mediante el esplendoroso nacimiento del sueño del mundo olímpico a aquél contrapuesto. Por eso aumenta el ardor sus colores, la sensibilidad sus figuras, y tanto más cuanto más fuerte se quiera hacer valer la verdad o su símbolo. Pero la lucha entre la verdad y la belleza no fue nunca tan grande como con motivo de la invasión del rito dionisíaco. En él estaba oculta la naturaleza y hablaba de su misterio con estremecedora claridad, en un tono frente al cual la apariencia seductora casi perdía su poder. Esa fuente surgió de Asia, pero tuvo que convertirse en torrente en Grecia, porque allí encontró por primera vez lo que se le había prohibido en Asia, la más excitante sensibilidad y capacidad de pasión, emparejadas con la más liviana mesura y sutileza. ¿Cómo salvó Apolo a la helenidad? Al nuevo recién llegado se le trasladó al reino de la apariencia, al mundo olímpico, y se le ofrecieron muchos de los honores propios de las divinidades más respetadas, por ejemplo de Zeus o de Apolo. Nadie hizo jamás tantos cumplidos con un extraño. Por lo demás, él era también un extraño terrible *(hostis* en todo el sentido del término), y suficientemente fuerte como para destruir la casa del anfitrión. Una verdadera revolución comenzó en todas las formas de vida. Dionisos penetró en todo. También en el arte.

La mirada, lo bello, la apariencia limitaban el territorio del arte apolíneo. Es el mundo transfigurado del ojo, que en el sueño, con los párpados cerrados, crea como artista. También la *epopeya* nos quiere trasladar a este estado onírico. No debemos ver nada con los ojos abiertos, para así poder deleitarnos con las imágenes interiores, para cuya producción el poeta busca excitarnos mediante conceptos. El efecto de las artes plásticas se alcanza aquí mediante un rodeo. Mientras que el artista nos lleva mediante el mármol tallado hacia el *dios vivo* visto en sueños, de modo tal que esta visión aparece realmente como τέλος (finalidad), como figura entrevista tanto para el propio artista como para el espectador, y el primero permite verla al segundo mediante *la figura intermedia* que es la estatua, en cambio el poeta ve la misma forma viva y quiere igualmente llevar a otros a esa intuición. Pero no sitúa ninguna estatua entre él y el hombre, sino que más bien relata cómo esa forma atestigua su propia existencia mediante movimientos, sonidos, palabras, acciones, nos compele a reconducir multitud de efectos a sus causas, nos obliga a una composición artística. Habrá alcanzado su objetivo cuando veamos claramente la figura o el grupo o la imagen ante nosotros, cuando nos hace compartir ese estado onírico, en el que él mismo previamente produjo esas representaciones. La exigencia de la epopeya hacia la creación *plástica* muestra cuán diferentes son la épica y la lírica, puesto que ésta nunca tiene por fin las formas de las imágenes. Lo único común entre ambas es sólo algo material, la palabra, y todavía más genéricamente el concepto. Cuando hablamos de poesía no poseemos ninguna categoría que la coordine con las artes plásticas y con la música, sino sólo de un aglutinante de dos medios artísticos completamente diferentes, de los cuales uno es un medio para las artes plásticas, el otro un medio para la música. Pero ambos sólo son *vías* para la creación artística, no artes en sí mismos. En este sentido, naturalmente, la pintura y la escultura son sólo medios de creación artística, mientras que el verdadero arte es la capacidad de crear imágenes, siendo indiferente que se trate de una creación anterior o posterior. En esta cualidad —humana en general— descansa *el significado cultural* del arte. El artista, en cuanto que nos impele al arte mediante los recursos artísticos, no puede ser a la vez el instrumento que absorba la comunicación artística.

El culto a las imágenes de la *cultura* apolínea, ya se exprese en un templo, o en la estatua o en la épica homérica, tenía su fin supremo en la exigencia ética de la *mesura*, que corre paralela a la exigencia estética de la belleza. Pero establecer la *mesura* como exigencia sólo es posible allí donde la medida, el límite, resultan *reconocibles*. Para mantenerse dentro de unos límites hay que conocerlos. De ahí la recomendación apolínea: γνῶθι σεαυτόν (conócete a ti mismo). Pero el único espejo en el que los apolíneos griegos podían verse, es decir, conocerse, era el mundo de las divinidades olímpicas. Pero aquí reconocía su propio ser envuelto de esa bella apariencia del sueño. La mesura, en cuyo juego se movía el nuevo mundo de las divinidades (frente al de los derribados titanes) era la medida de la belleza[19]. El límite en el que el griego se tenía que mantener era el de la bella apariencia. El fin más íntimo de una cultura vuelta hacia la apariencia y la medida sólo puede serlo el encubrimiento de la verdad. Al incansable investigador en su servicio se le recordaba igual que al poderoso Titán la advertencia μηδὲν ἄγαν (nada en exceso). En Prometeo se le muestra a lo griego un ejemplo de cuán funestamente actúa una excesiva pretensión hacia el conocimiento humano, tanto para el que lo pretende como para el que lo recibe. El que quiera salir airoso con su sabiduría frente a los dioses, ése debe, como Hesiodo, μέτον ἔχειν σοφίης (conservar las medidas de la sabiduría).

En un mundo así construido y artificialmente protegido como éste, es donde penetró el tono extático de la fiesta de

---

[19] Cfr. Schelling, *Filosofía del arte*, pág. 66.

Dionisio, en el que se expresa el *exceso* todo de la naturaleza en placer, dolor y conocimiento. Todo lo que hasta ahora valía como límite, como determinación de mesura, se demuestra aquí como una apariencia artística: *el exceso* se revela como la verdad. Por primera vez el fascinante canto popular de lo demoníaco brama en toda la embriaguez de un sentimiento de superioridad. ¿Qué significa frente a éste el salmódico artista de Apolo, con los sonidos tímidamente insinuados de su χιθάρα (cítara)? Lo que antes sólo se había introducido limitadamente en los gremios poético-musicales y se había mantenido alejado de toda participación profana, lo que con la fuerza del genio apolíneo había tenido que mantenerse en el nivel de una simple arquitectónica, el elemento musical, aquí arrojó fuera de sí toda constricción. La antigua rítmica que sólo se movía en el más elemental zigzag soltó sus miembros hacia una danza bacanal. *El sonido* resonó ya no como antes, en una fantasmal disolución, sino multiplicado por mil en la masa y acompañada de los tonos graves de los instrumentos de viento. Y ocurrió lo más misterioso: nació la armonía, la cual en su movimiento permite conocer directamente la voluntad de la naturaleza. Ahora en el entorno de Dionisos se hacían públicas cosas que en el mundo de Apolo estaban artificialmente ocultas. Todo el resplandor de los dioses olímpicos palideció ante la sabiduría de Sileno. Un arte que en su extática embriaguez expresaba la verdad, ahuyentó a las musas del arte de la apariencia. En el olvido de sí de los estados dionisíacos se fue a pique el individuo con sus límites y medidas. Un ocaso de los dioses era inminente.

¿Cuál era la intención de la voluntad que, al fin y al cabo, es sólo una, para permitir la penetración de un elemento dionisíaco en su propia creación apolínea?

Se trataba de un nuevo y más elevado μηχανή (instrumento) de la existencia, el nacimiento del *pensamiento trágico*.

3

El éxtasis del estado dionisíaco, con su destrucción de las habituales barreras y límites de la existencia, contiene, mientras dura, un elemento *letárgico* en el cual se sumerge todo lo vivido en el pasado. Así, mediante ese abismo del olvido, se separan el mundo de la vida cotidiana y la realidad dionisíaca. Pero tan pronto como aquella realidad cotidiana regresa de nuevo a la conciencia, es sentida como tal con *repugnancia:* el fruto de esa circunstancia es un estado de ánimo ascético, que niega la voluntad. En el pensamiento lo dionisíaco se opone como un orden superior al mundo malo y común. El griego buscaba absolutamente la huida de ese mundo de la culpa y el destino. Apenas le consolaba la existencia de un mundo tras la muerte. Su nostalgia se elevaba más alto, iba más allá de los dioses, incluso negaba a la vez la existencia reflejada en sus abigarrados y resplandecientes dioses. En la conciencia del despertar de la embriaguez ve únicamente lo terrible o absurdo de la existencia humana: le repugna[20]. Ahora finalmente comprende la sabiduría del dios de los bosques.

Aquí se alcanza la frontera más peligrosa que la voluntad griega podía permitir desde su principio fundamental optimista y apolíneo. Aquí actuó de nuevo con su fuerza de salvación natural para contrarrestar ese estado de ánimo negativo. Su instrumento fue precisamente la obra de arte trágica, la idea trágica. Su intención a través de ella no podía ser, entonces, apagar el estado dionisíaco o reprimirle totalmente. Una victoria directa era imposible, y si hubiera sido posible resultaba demasiado peligrosa, pues el ele-

---

[20] A pesar del tono shopenhaueriano, hay ecos del Schelling de las *Philosophische Briefe* y de la atmósfera nihilista romántica. Es obvio que Nietzsche no habla de Grecia, sino de sentimientos típicamente modernos, por lo demás, tópicos de la literatura alemana de la época.

mento contenido, al abrirse, se derramaría por todas partes y penetraría las venas vitales.

Sobre todo se trataba de transformar ese sentimiento de nausea ante lo terrible y lo absurdo de la vida en representaciones con las que se pudiera vivir. Estas representaciones son lo *sublime*, como artística domesticación de lo terrible, y lo *ridículo* como artística descarga de la repugnancia ante el absurdo. Esos dos elementos mutuamente entrelazadas se reúnen en una obra de arte, que imita la embriaguez, que juega con la embriaguez.

Lo sublime y lo ridículo representan un grado más con respecto al mundo de la bella apariencia, pues en ambos conceptos se siente una contradicción. Por otra parte no se corresponden de ningún modo con la verdad, la cubren de un velo de forma más transparente que la belleza, pero al fin y al cabo también la cubren. En ellas encontramos, pues, un *mundo intermedio* entre la verdad y la belleza, en ella se da una negación de Apolo y Dionisos. Ese mundo se manifiesta en un juego con la embriaguez, pero no se deja devorar completamente por ella. En el actor reconocemos de nuevo al hombre dionisíaco, al poeta instintivo que danza y canta, pero en cuanto *representado* como hombre dionisíaco. Trata de aproximarse a ese modelo en el estremecimiento de lo sublime, o en la conmoción de la risa. Va más allá de la belleza, pero no busca realmente la verdad. Permanece entre estas dos, oscilando. No aspira hacia la bella apariencia, tampoco hacia la verdad, sino más bien hacia la *verosimilitud*. (El símbolo, como signo de la verdad.) Naturalmente al principio el actor no era uno único individuo, sino que había que representar a la masa dionisíaca, al pueblo. De ahí el coro ditirámbico. Mediante el juego con la embriaguez debe en cierto modo descargarse él mismo, así como el coro que envuelve al espectador, de la embriaguez. Desde el punto de vista del mundo apolíneo lo griego debía ser *salvado* y *redimido*. Apolo, el verdadero dios salvador y de la expiación, salvó a los griegos del éxtasis *clarividente* y de la repugnancia ante la existencia mediante la obra de arte del pensamiento trágico-cómico.

El nuevo mundo artístico, el de lo sublime y lo ridículo, el de lo «verosímil», se basaba en otros dioses y en otra visión del mundo distinta a la antigua de la bella apariencia. El conocimiento de los horrores y absurdos de la existencia, del orden alterado y de la regularidad irracional, y en general del *dolor* más atroz en la naturaleza toda, habían levantado el velo de las formas que cubrían artificialmente a la Μοῖρα, a las Erinias, a la Medusa y a la Górgona. Los dioses olímpicos estaban en grave peligro. Se les salvó en la obra de arte trágico-cómica, en la medida en que fueron sumergidos a la vez en las aguas de lo sublime y de lo ridículo. Dejaron de ser sólo *bellos,* absorbieron en cierto modo en sí aquel antiguo orden divino y su sublimidad. Ahora se dividieron en dos grupos, y sólo unos pocos oscilaron entre ambos, tan pronto hacia las divinidades de lo sublime, tan pronto hacia las de lo ridículo. Pero fue sobre todo Dionisos quien asumió en él esa esencia escindida[21].

En dos personajes se muestra del modo mejor cómo se podría ahora vivir de nuevo en el período trágico de los griegos, en Esquilo y en Sófocles. Lo sublime se muestra en el primero como el mejor exponente del pensamiento de una justicia grandiosa. Dios y hombre permanecen en él en la más íntima comunidad subjetiva. La justicia moral divina y la *felicidad* están para él indisolublemente unidas. Con esa balanza se pondera cada ser individual, hombre o titán. Los dioses son reconstruidos según esa norma de justicia. Así, por ejemplo, se corrige la creencia popular en una divinidad cegadora que induce a la culpa —un resto de aquel originario mundo de dioses destronado por los dioses olímpicos—, en la medida en que esa divinidad se convierte en

---

[21] Más allá de la discusión sobre el romanticismo de Nietzsche, que en todo caso no puede reducirse al mal y tardío romanticismo de Wagner, resulta obvio que Dionisos en gran medida es aquí la imagen misma del mundo moderno escindido. A nuestro entender el Dionisos de Nietzsche se parece al griego lo mismo que el Edipo de Freud se parecería al Edipo que vivían los griegos.

instrumento punitivo de la justicia en manos de Zeus. El igualmente antiquísimo —a la vez ajeno a los dioses olímpicos— pensamiento de la maldición del linaje es despojado de toda su aspereza, porque en Esquilo no se da ninguna *necesidad* hacia el crimen para el individuo, y cada cual puede liberarse de ella.

Mientras que Esquilo encuentra lo sublime en la superioridad de la administración de justicia olímpica, Sófocles lo ve —sorprendentemente— en la superioridad de lo impenetrable de la misma. Restablece en todo momento el punto de vista del pueblo. Lo inmerecido de un terrible destino le parece sublime, los enigmas realmente indescifrables de la existencia humana fueron su musa trágica. El dolor adquirió en él su transfiguración; es concebido como algo salvífico. La distancia entre lo humano y lo divino es inconmensurable. Lo que de ahí se sigue es la más profunda sumisión y resignación. La única virtud es la σωφροσύνη (sensatez), ciertamente una virtud negativa. La humanidad heroica es la más noble, sin esa virtud. Su destino demuestra aquel abismo infinito. No hay propiamente *culpa*, sino sólo la carencia del conocimiento del acerca del valor del hombre y sus límites.

Ese punto de vista es en todo caso más profundo y más íntimo que el de Esquilo, se acerca al significado de la verdad dionisíaca y la expresa sin demasiado simbolismo y, a pesar de ello, reconocemos aquí el principio ético de Apolo entremezclado con la visión dionisíaca del mundo. En Esquilo el hastío[22] se disuelve en el estremecimiento sublime

---

[22] En este contexto traducimos por «hastío» lo que más arriba traducíamos por «repugnancia». Es éste un sentimiento moderno como ya hemos señalado, que ha ejemplificado muy bien por esas fechas el *spleen* de Baudelaire, otro heredero no *ingenuo* del romanticismo, en una fase avanzada de la revolución industrial. Una vez más Nietzsche proyecta su visión moderna de matices y origen romántico, sobre el mundo griego, y convierte una categoría moderna en hilo conductor de lo esencial griego.

ante la sabiduría del orden cósmico, que sólo es *difícilmente* reconocible a causa de la debilidad humana. En Sófocles ese estremecimiento es aún mayor porque aquella sabiduría es totalmente insondable. Es el ánimo de la más pura piedad, que no lucha, mientras que el ánimo de Esquilo continuamente tiene que satisfacer a la justicia divina, y por eso siempre está ante nuevos problemas. El *límite del hombre*, que Apolo ordena investigar, es reconocible para Sófocles, pero es más estrecho y reducido de lo que se pensaba en la época predionisíaca de Apolo. La carencia de conocimiento del hombre con respecto a sí mismo, ése es el problema de Sófocles, la carencia de conocimiento del hombre con respecto a los dioses, ése es el problema de Esquilo.

¡La piedad, he aquí, la más increíble máscara del impulso vital! Abandono a un *mundo de sueños* perfecto, al que se le otorga la más elevada *sabiduría* moral. Huida de la verdad, para así poder adorarla de lejos, oculta entre las nubes. Reconciliación con la realidad *porque* es enigmática. Aversión a descifrarla porque no somos dioses. Recaída placentera en el polvo, serena felicidad en la desgracia. Suprema autoalienación[23] del hombre en su más elevada expresión. Glorificación y transfiguración de los instrumentos del temor y de lo terrible de la existencia como medio de salvación *de la* existencia misma. Plena alegría de vivir en el desprecio de la vida. Triunfo de la voluntad en su negación misma.

En ese nivel del conocimiento sólo hay dos caminos, el del santo y el del *artista trágico*. Ambos tienen en común que pueden seguir viviendo en el más nítido conocimiento de la nada de la existencia, sin experimentar un desgarro en su

---

[23] *Selbstentäusserung* es el término que utiliza aquí Nietzsche. Es éste un término cuyo sentido tiene ya larga tradición en la cultura alemana, que pasa por Fichte, Hegel, Feuerbach y Marx. Si bien en cada uno tiene sentidos diversos, en todos es siempre una expresión propia de la modernidad.

concepción del mundo. El hastío ante la continuidad de la existencia es sentido como un medio para crear, ya sea como un medio de salvación ya como un medio artístico[24]. Lo terrible o lo absurdo es enaltecedor porque sólo en *apariencia* es absurdo y terrible. La fuerza de encantamiento dionisíaca se muestra aquí aún en la cima más alta de esa visión del mundo. Todo lo real se disuelve en la apariencia, y tras ella se expresa la *voluntad única de la naturaleza*, en la gloria de la sabiduría y la verdad, envuelta en un brillo cegador. *La ilusión, la quimera está en su punto más elevado.*

Ahora ya no puede parecer inconcebible que la misma voluntad que organizó el mundo helénico como apolíneo acogiera como su otra forma de manifestarse a la voluntad dionisíaca. La lucha entre ambas formas de manifestación de la voluntad tenía un objetivo extraordinario, el de crear una *más elevada posibilidad de la existencia* y a la vez en ésta llegar a una *superior glorificación* (mediante el arte). La forma de la glorificación no fue ya el arte de la apariencia, sino el arte trágico. Pero en él es absorbido completamente aquel arte de la apariencia. Apolo y Dionisos se han reunido en él. En la medida en que el elemento dionisíaco ha penetrado en la vida apolínea, en la medida en que la apariencia se ha establecido también como límite, en esa medida el arte trágico-dionisíaco no es ya «verdad». Aquel cantar y bailar no es ya embriaguez natural, la excitada masa coral dionisíaca no es ya masa popular inconsciente cautivada por el impulso de la primavera. La verdad es ahora *simbolizada*, se sirve de la apariencia, y por eso puede y debe usar también las artes de la apariencia. Pero ya en esto se muestra una gran diferencia frente al arte precedente, puesto

---

[24] Aquí resuenan, sin duda una vez más, ecos de Schopenhauer, que a su vez es deudor de esa concepción de la *Frühromantik* en la que sólo el arte salva de la existencia como alternativa a la religión perdida. Nietzsche acabará por abandonar esas posiciones, para construir él mismo una metafísica alternativa.

que ahora todos los recursos artísticos de la apariencia son empleados *conjuntamente*, de modo que las estatuas caminen, las pinturas del periactos[25] se desplacen, tan pronto el templo como el palacio sean presentados ante los ojos mediante el mismo telón de fondo. Entonces advertimos a la vez una *cierta indiferencia frente a la apariencia* que debe renunciar aquí a sus pretensiones eternas, a sus soberanas exigencias. Precisamente por eso la apariencia no es disfrutada ya *como tal*, sino como símbolo, como signo de la verdad. De ahí la en sí misma chocante mezcla de recursos artísticos. El más claro indicio de ese desprecio de la apariencia es la *máscara*.

Ante el espectador, pues, la exigencia dionisíaca es presentada de modo tal que en ella se representa todo encantado, de modo tal que ve siempre más que el símbolo, de modo que todo el mundo visible de la escena y la orquesta es el *reino de lo maravilloso*. ¿Dónde está entonces el poder que le transporta a la atmósfera maravillosa mediante la cual ve todo encantado? ¿Qué es lo que vence el poder de la apariencia y la hace desfallecer hacia el símbolo?

Ese poder es la *música*.

4

Lo que llamamos «sentimiento», la filosofía que se mueve en la trayectoria de Schopenhauer nos enseña a concebirlo como un complejo de representaciones y estados de la voluntad inconscientes. Pero los impulsos de la voluntad se expresan como placer o displacer, y en este sentido sólo muestran una diferencia cuantitativa. No hay distintas formas de placer, sino sólo grados y un sinnúmero de representaciones que los acompañan. Por placer debemos entender la satisfacción de un deseo, y por displacer su no satisfacción.

---

[25] Plataforma móvil con los decorados.

¿De qué modo se comunica el sentimiento? Parcialmente, pero sólo muy parcialmente, puede traducirse en pensamientos, es decir, en representaciones conscientes. Esto vale naturalmente sólo respecto de parte de esas representaciones que lo acompañan. Pero a la vez siempre queda en esa región del sentimiento un resto irreductible. Lo reductible es sólo aquello que tiene que ver con el lenguaje, es decir, con el concepto. De ahí que el límite de la *poesía* se determine por la capacidad de expresión del sentimiento.

Los otros dos medios de comunicación son absolutamente instintivos, actuando sin conciencia, y a pesar de ello, con arreglo a fines. Es el lenguaje *gestual* y el de los *sonidos*. El lenguaje del gesto consiste en símbolos generales comprensibles y es producido mediante movimientos reflejos. Esos símbolos son visibles: el ojo que los ve informa inmediatamente del estado que dio lugar al gesto y lo simboliza. La mayor parte de las veces el que ve siente una enervación simpática de las mismas partes o miembros de la visión cuyo movimiento percibe. Símbolo significa aquí una copia totalmente imperfecta y fragmentaria, un signo indicativo acerca de cuya comprensión hay que ponerse de acuerdo. Sólo que en ese caso la comprensión general es *instintiva*, es decir, no pasa a través de la clara conciencia.

¿*Qué* es lo que simboliza el *gesto* en esa entidad dual que es el sentimiento?

Obviamente *la representación* que lo acompaña, pues sólo ella puede ser aludida, a través del gesto visible, de modo imperfecto y fragmentario: una imagen sólo puede ser simbolizada por una imagen.

La pintura y la escultura representan gestualmente al hombre. Es decir, imitan al símbolo y han logrado sus efectos cuando hemos comprendido el símbolo. El placer de la contemplación consiste en la comprensión del símbolo más allá de su apariencia.

El actor, en cambio, representa realmente al símbolo, no sólo en apariencia. Pero su efecto sobre nosotros no consiste en la comprensión del símbolo, sino que más bien nos sumergimos en el sentimiento simbolizado y no nos fijamos en la apariencia ni en la belleza de la apariencia. Por eso en el drama la decoración no despierta el placer de la apariencia, sino que la captamos como símbolo y comprendemos lo real aludido con ello. Muñecos de cera y plantas verdaderas, junto a otras pintadas sin más, son aquí perfectamente admisibles como demostración de que nos representamos la realidad, no una apariencia artística. La verosimilitud y no ya la belleza es aquí la tarea.

¿Pero qué es la belleza? «La rosa es bella» significa sólo: la rosa tiene una buena apariencia, posee algo agradablemente luminoso. Acerca de su ser, por tanto, no puede decirse nada. Gusta, despierta placer, en cuanto apariencia. Es decir, la voluntad está satisfecha mediante su aparición; de este modo favorece el placer en la existencia. Es, en cuanto a su apariencia, una copia fiel de su voluntad, que es idéntica con esa forma, se corresponde según su apariencia con su determinación genérica. Cuanto más hace esto, tanto más bella es. En cambio cuando se corresponde con su esencia en esa misma determinación, entonces es *buena*.

Una *pintura bella* significa sólo: la representación que nosotros tenemos de una pintura ha sido aquí satisfecha. Pero cuando decimos de una pintura que es *buena*, entonces señalamos nuestra representación de esa pintura como correspondiéndose con la *esencia* de lo pintado. Pero la mayor parte de las veces por una pintura bella entendemos una que presenta algo bello. Éste es el juicio de los profanos. Los profanos gozan la belleza de la materia. Ésta es la forma en la que debemos gozar de las artes figurativas en el drama, sólo en la medida en que aquí la tarea no puede ser la de presentar sólo lo bello. Basta con que aparezca como *verdadero*. El objeto presentado debe ser captado del modo más vivo y más sensible posible, debe influir como verdad, una exigencia que es justamente *contraria* a lo que se busca por toda obra de la bella apariencia.

Pero si el gesto simboliza en los sentimientos a las representaciones que acompañan, entonces ¿bajo qué símbolo habremos de *transmitir*, para su comprensión, los impulsos de la *voluntad?* ¿Cuál es aquí la mediación instintiva? La *mediación* del sonido. Tomado en su sentido más preciso, lo que el sonido simboliza son las distintas formas del placer y el displacer, sin la representación que las acompaña.

Todo lo que podamos decir sobre lo característico de los distintos sentimientos de displacer son imágenes que claramente han llegado a ser representaciones mediante la simbólica del gesto. Por ejemplo, como cuando hablamos de un repentino sobresalto, hablamos de «un golpear, arrastrar, conmocionar, pinchar, cortar, morder, cosquillear» del dolor. Con ello parecen ser expresadas ciertas *formas intermitentes* de la voluntad, es decir, en la simbólica del sonido, *la rítmica*. La riqueza de los distintos niveles de la voluntad, la cambiante cantidad de placer y displacer, eso lo aprendemos una vez más en la *dinámica* del sonido. Pero la verdadera esencia de la voluntad, sin que quepa comparación alguna, se encierra en la *armonía*. La voluntad y su símbolo, la armonía, ambas son en último término la pura lógica. Mientras que la rítmica y la dinámica son, en cierto modo, aspectos externos de la voluntad manifestada en símbolos, y todavía pertenecen casi al tipo de las apariencias, la armonía es el símbolo de la pura esencia de la voluntad. En la rítmica y la dinámica, por tanto, la aparición individual es caracterizable todavía como aparición; *desde ese aspecto la música puede ser desarrollada como arte de apariencia.* El resto irreductible, la armonía, habla de la voluntad más allá y más acá de toda forma de apariencia, y entonces no es meramente *simbólica* del sentimiento, sino simbólica del *mundo.* El concepto, en su esfera, es completamente impotente.

Ahora comprendemos ya la significación del lenguaje gestual y de los sonidos para la *obra de arte dionisíaca.* En el ímpetu original del ditirambo primaveral del pueblo el hombre quiere expresarse no como individuo, sino como *especie.* El que deje de ser un hombre individual, es lo que se expresa mediante la simbólica del ojo, mediante el lenguaje, de modo tal que habla en cuanto sátiro mediante gestos, en cuanto ser natural entre otros seres naturales, y ciertamente en el más elevado lenguaje gestual que es el lenguaje de la *danza.* Pero mediante el sonido expresa los sentimientos más íntimos de la naturaleza. La voluntad se hace aquí directamente comprensible no sólo por el genio de la especie, como en el lenguaje de los gestos, sino por el genio de la existencia en sí. Con el lenguaje de los gestos la voluntad permanece, pues, en el interior de los límites de la especie, es decir del mundo de la apariencia, pero con el sonido disuelve en cierto modo el mundo de la apariencia en su originaria unidad, el mundo de Maya desaparece ante su encantamiento.

¿Pero cuándo accede el hombre natural a la simbólica del sonido? ¿Cuándo no le basta ya el lenguaje de los gestos? ¿Cuándo se convierte el sonido en música? Ante todo en el más placentero y displacentero estado de la voluntad, en cuanto voluntad jubilosa o angustiada ante la muerte, es decir, en *la embriaguez del sentimiento*: en el grito. ¡Y cuánto más poderoso e inmediato es el grito frente a la mirada! Pero incluso las más suaves excitaciones de la voluntad poseen su simbólica del sonido. En general para cada gesto existe un sonido paralelo. Elevarlo hasta el puro sonido armónico sólo lo consigue la embriaguez del sentimiento.

La más íntima y frecuente confusión de una forma simbólica del gesto y del sonido es lo que se llama *lenguaje.* En la palabra, mediante el sonido y su entonación, mediante la fuerza y el ritmo de su resonar, se simboliza la esencia de la cosa, mediante el movimiento de los labios la representación que la acompaña, la imagen, la apariencia del ser. Los símbolos pueden y deben ser muchos, pero se forman instintivamente y con gran y sabia regularidad. Un símbolo recordado es un *concepto*, puesto que mediante su fijación en la memoria el tono resuena completamente, en el concepto sólo se conserva el símbolo de la representación que acompaña. Lo que se *concibe* es lo que se puede describir y diferenciar.

En la elevación del sentimiento la esencia de la palabra se manifiesta más claramente y más sensiblemente en el símbolo del sonido: por eso suena más. El recitado es por ello en cierto modo un regreso a la naturaleza. El símbolo que se va embotando por el uso recobra su fuerza originaria.

En la secuencia de la palabra, es decir, mediante una cadena de símbolos, debe presentarse simbólicamente algo nuevo y más relevante. En esta potencia serán de nuevo necesarias rítmica, dinámica y armonía. Este círculo más elevado domina ahora el más estrecho de la palabra sola. Es necesaria una elección de palabras, es necesaria una nueva ordenación de las mismas. Comienza la poesía. El recitado de una frase no es sólo la serie de sonidos de las palabras, pues una palabra tiene sólo un sonido relativo, dado que su esencia, su contenido ofrecido mediante el símbolo, descansa en otro en función de su posición. En otros términos, a partir de la unidad superior de la frase y de la esencia por ella simbolizada, el símbolo individual de la palabra se determina de nuevo continuamente. Una cadena de conceptos es un pensamiento: éste es pues la unidad superior de las representaciones que acompañan. La esencia de la cosa es inalcanzable para el pensamiento. El que éste actúe sobre nosotros como motivo, como estímulo de la voluntad, eso se explica porque el pensamiento se ha convertido ya a la vez en el símbolo recordado de una aparición de la voluntad, de un impulso y una aparición de la voluntad. Pero pronunciado, es decir, con la simbólica del sonido, actúa de forma incomparablemente más poderosa y directa. Cantado alcanza el punto más alto de su efectividad, cuando la melodía es el símbolo comprensible de su voluntad. Si esto no ocurre, entonces la sucesión de sonidos y de palabras, el pensamiento, permanece lejano a nosotros e indiferente.

En función de que la palabra haya de actuar en cuanto símbolo de las representaciones que acompañan, o como símbolo del impulso originario de la voluntad, es decir, en

146

función de que deba ser simbolizada como imagen o como sentimiento, se separan dos caminos de la poesía, la épica y la lírica. La primera conduce a las artes plásticas, la otra a la música. En la épica domina el placer por la apariencia, mientras que la voluntad se expresa en la lírica. Aquella se acaba separando de la música, mientras que la lírica permanece íntimamente unida a ella.

Pero en el ditirambo dionisíaco el entusiasta de Dionisos se excita hasta la suprema elevación de sus capacidades simbólicas. Algo nunca sentido presiona para manifestarse hacia fuera, la aniquilación de la individuación, la unidad de ser en el espíritu de la especie, la naturaleza, en fin. Ahora la esencia de la naturaleza ha de expresarse, es necesario un nuevo mundo de lo simbólico, las representaciones que acompañan a la voluntad se hacen símbolo en imágenes de una esencia humana entusiasta, se representan con la máxima energía física y con toda la simbólica del cuerpo mediante el gestual de la danza. Pero incluso el mundo de la voluntad requiere una inédita expresión simbólica. Las fuerzas de la armonía, de la dinámica y de la rítmica surgen de pronto impetuosamente. Dividida entre esos dos mundos la poesía alcanza una nueva esfera. A la vez sensibilidad de la imagen, como en la épica, y embriaguez sentimental del sonido como en la lírica. Y a fin de captar esa completa reunión de todas las fuerzas simbólicas, para ello se da la elevación misma del ser que la provocó: el servidor ditirámbico dionisíaco sólo será comprendido por sus iguales. Por ello ese nuevo mundo artístico se descarga en su seductora y salvaje prodigiosidad en terribles luchas a lo largo de la helenidad apolínea.

Sócrates y la tragedia griega[1]

La tragedia griega pereció de modo muy distinto que el conjunto de los géneros artísticos con ella hermanados. Murió por suicidio, como consecuencia de un conflicto irresoluble, por tanto de modo trágico, mientras que aquellas otras artes fallecieron en la edad de la vejez de la muerte más bella y apacible. Si es acorde con una condición natural afortunada separarse de la vida con la más bella descendencia y sin convulsiones, entonces una semejante condición natural se nos muestra en el final de esos más antiguos géneros artísticos. Se desvanecen lentamente, y ante sus miradas moribundas se alza ya su más bella descendencia y levanta impacientemente la cabeza con gesto animoso. Por el contrario, con la muerte de la tragedia griega surgió un terrible y sobre todo profundamente sentido vacío. Igual que en una ocasión navegantes griegos en la época de Tiberio escucharon en una solitaria isla el grito

---

[1] Este texto se corresponde con una versión ampliada de *Sócrates y la tragedia*, que Nietzsche imprimió privadamente en 1871, y que luego incorporó casi íntegramente, aunque con algunas modificaciones en la ordenación, en *El nacimiento de la tragedia*, capítulos 8 a 15. Nuestra versión está hecha a partir de *KGW*, III, 2, págs. 93-132. En la medida en que parcialmente reproduce lo expuesto en *ST*, hemos optado por no reiterar en nuestras notas observaciones que hicimos allí, y hemos puesto énfasis, en cambio, en las diferencias respecto de ese escrito.

escalofriante: «¡El gran Pan ha muerto!»; así suena ahora como un doloroso lamento a todo lo largo del mundo griego: «¡La tragedia ha muerto! ¡Con ella incluso la poesía misma se ha echado a perder! ¡Fuera, fuera con vosotros, atrofiados y enflaquecidos epígonos, seguid hacia el Hades, para que allí podáis comer hasta saciaros con las migas de vuestros antiguos maestros!»

Pero cuando finalmente brotó un nuevo género artístico que en la tragedia honraba a su predecesora y maestra, se pudo percibir con horror que ciertamente tenía los rasgos de su madre, pero aquellos que ésta había mostrado en su larga agonía. Esa lucha mortal de la tragedia es la que libró *Eurípides*. El género artístico posterior es el conocido como *nueva comedia ática*. En ella sobrevivió la forma degenerada de la tragedia como monumento a su fallecimiento tan penoso y brutal.

En ese contexto es comprensible la apasionada inclinación que los poetas de la nueva comedia sintieron hacia *Eurípides*. Hasta el punto de que no sorprenda el deseo de Philemon de dejarse incluso ahorcar con tal de encontrarse a Eurípides en el otro mundo, siempre y cuando estuviera convencido de que el fallecido todavía poseía allí entendimiento. Si alguien quiere señalar, con toda concisión y sin pretensiones de ser exhaustivo, aquello que Eurípides tiene en común con Philemon y Menandro, y que actuó de modo tan ejemplar y estimulante sobre ellos, entonces bastaría con afirmar que Eurípides llevó a sus propios *espectadores* al escenario. Quien haya reconocido a partir de qué materia los prometeicos trágicos griegos anteriores a Eurípides formaron a sus héroes, y cuán lejos de su intención estuvo el llevar hasta el escenario la fiel máscara de la realidad, ese habrá comprendido claramente la tendencia totalmente desviada de Eurípides. El hombre de la vida cotidiana llegó a través de él desde el espacio del espectador hasta la escena, ese espejo donde anteriormente sólo se expresaban los rasgos grandes y atrevidos, y que ahora mostraba esa penosa fidelidad que reproduce también concienzudamente las líneas fallidas de la naturaleza. Odiseo, el griego tipo del arte antiguo, cayó ahora lentamente, entre las manos de los nuevos poetas, hasta convertirse en la figura del *graeculos*[2], que a partir de ahora, como esclavo doméstico, bonachón e ingenioso, se sitúa en el punto central del interés dramático. Aquello que Eurípides computó como su mérito en *Las ranas* de Aristófanes, a saber, que había liberado el arte trágico de su obesidad mediante sus remedios caseros, eso es todo lo que se puede rastrear en sus héroes trágicos. En lo sustancial el espectador vio y oyó ahora en la escena de Eurípides a su doble, y se alegró de entender tan bien lo que decía. Pero no se quedó en esa satisfacción, en Eurípides aprendió incluso a hablar él mismo. Y de eso se vanagloria Eurípides en su enfrentamiento frente a Esquilo, de cómo gracias a él el pueblo había aprendido a observar de modo artístico, y, con la más avispada sofisticación, a observar, a actuar y a deducir. Mediante ese cambio repentino del lenguaje público es como hizo posible la nueva comedia. Pues de aquí en adelante no fue ya ningún misterio cómo y con qué enunciados lo cotidiano podía representarse sobre la escena. La mediocridad burguesa, sobre la que Eurípides fundó todas sus esperanzas políticas, alcanzó ahora la palabra, después de que hasta entonces había sido el semidiós en la tragedia, el sátiro borracho o el semidiós en la comedia, quienes habían determinado los rasgos del lenguaje. Y así, el Eurípides aristofánico puso su mérito en eso, en cómo había representado el vivir y trajinar común, de todos conocido, cotidiano, sobre el que cada cual es capaz de opinar. Si ahora la masa toda era capaz de filosofar y admi-

---

[2] Esta expresión despectiva falta en *Sócrates y la tragedia*. En ese escrito la idea fundamental era la misma, la de que Eurípides había llevado a los espectadores al escenario, pero se completa ahora con un mayor énfasis en el significado de este hecho: el abandono de la grandeza y el atrevimiento de los primeros trágicos y el consiguiente *aburguesamiento* de la tragedia.

nistrar con inaudita sabiduría bienes y hacienda, llevar adelante procesos, etc., ése es su mérito y el éxito de la sabiduría inculcada por él en el pueblo.[3]

La nueva comedia podía ahora dirigirse a una masa así preparada e ilustrada, y para la cual Eurípides se había convertido en cierto modo en el maestro del coro. Sólo que ahora era el coro de espectadores el que debía ser instruido. Tan pronto como el espectador aprendió a cantar en el estilo tonal de Eurípides, surgió el género ajedrecístico del espectáculo[4], la nueva comedia con su triunfo permanente de la astucia y la hipocresía. Pero Eurípides —el maestro del coro— fue alabado de modo incesante. Incluso se le hubiera matado para aprender más de él si no se hubiese sabido que los poetas trágicos estaban tan muertos como la tragedia misma. Pero con él el griego renunció a su creencia en su inmortalidad, no sólo a su creencia en un pasado ideal, sino también a su creencia en un futuro ideal. La sentencia del conocido epitafio: «frívolo y caprichoso como anciano» vale también para la helenidad anciana. El momento, la broma, la frivolidad, el humor son sus supremas divinidades. El quinto estado, el de los esclavos, alcanza, al menos según el gusto, el predominio. Y cuando todavía hoy se puede hablar en general de la «jovialidad griega» se hace referencia a la de los esclavos, la de no ser responsables de nada difícil, la de no pretender nada grande, la de no estimar nada más sabio en el pasado o el futuro que el propio presente.

---

[3] Aquí ha sustituido la cita literal por una mera alusión de los versos de *Las ranas* que había recogido en *Sócrates y la tragedia*.

[4] Como ya hemos señalado en otro lugar, juega aquí Nietzsche con las palabras alemanas *Schachspiel* (ajedrez) y *Schauspiel* (espectáculo), lo que se pierde en la traducción castellana. El sentido más allá del juego de semejanzas apunta hacia la intelectualización del arte dramático, lo que en *El nacimiento de la tragedia* y en otros lugares llamará el *espíritu teórico*, verdadera ruina para el arte griego, y que en obras posteriores Nietzsche generalizará para todo Occidente.

Esa apariencia de la «jovialidad griega» fue la que escandalizó tanto a la profundas y terribles naturalezas de los cuatro primeros siglos de la cristiandad. No sólo les pareció despreciable esa afeminada huida de la seriedad y del dolor, ese cobarde abandonarse al cómodo placer, sino que les pareció incluso la auténtica convicción anticristiana. Y hay que atribuirle a su influjo el que la visión sobre la antigüedad griega, perdurable durante siglos, se haya fijado con tenacidad casi insuperable en esa pálidamente rosácea coloración de la alegría, como si no hubiera existido nunca un siglo sexto con su nacimiento de la tragedia, sus misterios, su Empédocles y Heráclito, realidades todas ellas que no pueden explicarse en modo alguno a partir del suelo de semejante placer por la existencia senil y propio de esclavos, y que apuntan como fundamento de su ser hacia otra concepción del mundo completamente distinta[5].

Si más arriba hemos afirmado que Eurípides llevó a los espectadores a la escena a fin de capacitarlos a la vez para juzgar verazmente sobre el drama, puede surgir con ello la apariencia de que el arte trágico anterior no se hubiese librado de una inadecuación con respecto a los espectadores; y a partir de ahí se estaría tentado de celebrar como un progreso frente a Sófocles la tendencia radical de Eurípides de alcanzar una adecuada relación entre la obra de arte y el público. Pero es que «público» es sólo una palabra, y de ningún modo una medida homogénea y permanente. ¿De dónde surge para el artista la obligación de adecuarse a una potencia cuya única fuerza está en el número? Y si el artista, por su talento y por sus intenciones mismas, se siente superior a cada uno de los espectadores, ¿cómo podría él

---

[5] Esta alusión a la recepción de lo griego por el primer cristianismo y a la concepción del mundo de lo griego falta también en *ST*. A este respecto conviene recordar que entre ambas versiones media *La visión dionisíaca del mundo*, donde Nietzsche había desarrollado ya la noción de lo dionisíaco como la más propia de lo griego, si bien siempre combinada con lo apolíneo.

prestar más atención a la expresión conjunta de todas esas capacidades subordinadas a la suya, que ante el relativamente mejor dotado espectador individual? En realidad ningún artista griego ha tratado al público a lo largo de toda una larga vida tan temerariamente y con tanta autosuficiencia como lo ha hecho precisamente Eurípides. Él, que incluso cuando la masa se postró ante él, la abofeteó obstinadamente soberbio con su propia tendencia, la misma con la que había triunfado sobre la masa. Si ese genio hubiese sentido el más mínimo respeto ante el pandemónium del público, se habría hundido bajo los mazazos de sus fracasos mucho antes de la mitad de su carrera. Con esta consideración vemos que nuestra expresión, según la cual Eurípides había llevado a la escena al espectador para que fuera capaz de juzgar adecuadamente, sólo era provisional y que hemos de buscar una comprensión más profunda de su tendencia. Por el contrario, es de sobra sabido cómo Sófocles y Esquilo gozaron del favor del público a lo largo de toda su vida, e incluso mucho más allá de ella y que, por tanto, de ningún modo cabe hablar en estos predecesores de Eurípides de una inadecuación entre el público y la obra de arte. ¿Qué es lo que apartó de modo tan violento a ese artista, tan ricamente dotado y tan incesantemente apremiado para la creación, del camino sobre el que brillaban el sol de los más grandes nombres de poetas y el cielo despejado del favor público? ¿Qué especial consideración respecto de los espectadores le llevó a enfrentarse a ellos? ¿Cómo pudo llegar a no respetarles a partir del más elevado respeto ante ellos?[6]

---

[6] Estas consideraciones las añade con respecto a *ST* para preparar la explicación de la tesis que allí había presentado más abruptamente, la del *socratismo* estético de Eurípides, y cuyo origen, según hemos mostrado en la Introducción, puede tal vez cifrarse en la lectura de Schelling (cfr. *Nietzsche lector de Schelling*).

Como poeta, Eurípides se sentía, por supuesto —esta es justamente la solución del enigma—, superior a la masa, pero no a dos de sus espectadores. Llevó a la masa a la escena, pero a esos dos espectadores los honró como a los únicos jueces y maestros capaces de juzgar todo su arte. Al seguir sus sugerencias y exhortaciones todo el mundo de sensaciones, pasiones y estados que hasta entonces se concentraban sobre los bancos de los espectadores como coro invisible en cada representación festiva, todo ese mundo lo transfirió a las almas de sus héroes de escena. Cedió a sus exigencias cuando buscó para esos nuevos caracteres también una nueva palabra y un sonido nuevo, y dejó únicamente en sus votos la sentencia válida acerca de sus logros, así como la estimulante promesa de victoria, cuando de nuevo se vio condenado por la justicia del público.

De esos dos espectadores uno es el propio Eurípides, Eurípides *como pensador*, no como poeta[7]. De él se podría decir que la extraordinaria perfección de su talento crítico, como en Lessing, si no generó una inclinación artística productiva añadida, cuando menos fecundó continuamente la que ya tenía. Con esas dotes, con toda la claridad y agilidad de su pensamiento crítico, Eurípides se sentaba en el teatro y, como si se tratara de pinturas oscurecidas, se esforzaba en reconocer de nuevo las obras maestras de sus grandes predecesores, línea a línea, rasgo a rasgo. Y aquí le sucedió algo que no debería sorprender a alguien iniciado en los profundos misterios de las tragedias de Esquilo. Descubrió algo inconmensurable en cada rasgo y en cada línea, una cierta determinación engañosa, y a la vez una profundidad enigmática, la infinitud del trasfondo. La figura más

---

[7] También este párrafo falta en la versión de *ST*. Aquí Nietzsche ha evolucionado en el año transcurrido, y habla ya directamente del Eurípides pensador, lo que demuestra que se ha afirmado en sus tesis y ha acentuado la importancia del *socratismo* del Eurípides, calificado sólo de *estético* en el escrito anterior.

nítida arrastraba siempre a la vez una estela que parecía apuntar hacia lo incierto y lo inexplicable. La misma luz ambigua recaía sobre la estructura del drama, sobre todo sobre la significación del coro ¡Y cuán dudosa resultaba en él la solución de los problemas éticos! ¡Qué cuestionable el tratamiento de los mitos! ¡Cuán desigual el reparto de la dicha y la desgracia! Incluso en el lenguaje de la tragedia antigua había para él muchas cosas chocantes, o al menos enigmáticas. Especialmente encontraba demasiada pompa para situaciones simples, demasiados tropos y monstruosidades para la sencillez de los caracteres. Así permanecía sentado en el teatro, intranquilo y cavilante y él, el espectador, se confesaba a sí mismo que no entendía a sus grandes predecesores. Pero, si para él sólo el entendimiento valía como verdadera raíz de toda creación y de todo disfrute, entonces debía mirar a su alrededor y preguntarse si nadie pensaba como él y reconocía también esa misma inconmensurabilidad. Pero la mayor parte, y con ellos también las mejores individualidades, sólo tenían para él una sonrisa desconfiada, y ninguno podía explicarle por qué no eran acertados sus pensamientos y objeciones frente a los grandes maestros. Y en ese congoja halló al *otro espectador* que no entendía la tragedia y por eso mismo tampoco la respetaba[8]. En unión con éste, ya fuera de su aislamiento, pudo atreverse a iniciar la terrible lucha contra el arte de Esquilo y Sófocles, pero no con escritos polémicos, sino como poeta dramático que contraponía su concepción de la tragedia a la ofrecida por ellos[9].

Antes de que llamemos a ese otro espectador por su nombre, permanezcamos aquí todavía un instante, para lle-

---

[8] En estas consideraciones, añadidas respecto de *ST*, hay una cierta incongruencia, toda vez que en ellas la tendencia intelectual de Eurípides, parece en él anterior e independiente de Sócrates.

[9] Hasta aquí el texto se corresponde, con leves variantes, con el capítulo 11 de *GT*.

var a nuestra memoria a aquella impresión de lo disonante y lo inconmensurable en la esencia misma de la tragedia de Esquilo. Pensemos en nuestra propia extrañeza con respecto al *coro* y al *héroe trágico*, que no sabríamos casar con nuestras costumbres, y mucho menos con la tradición, hasta que no encontremos esa duplicidad misma como el origen y la esencia de la tragedia griega, en cuanto expresión de dos impulsos artísticos mutuamente entrelazados, el *apolíneo* y el *dionisíaco*[10].

Según ese conocimiento tenemos que comprender la tragedia griega como el coro dionisíaco, que se descarga siempre de nuevo, una y otra vez, en un mundo de imágenes apolíneo. Aquellos fragmentos del coro con los que está entrelazada la tragedia son entonces, en cierto modo, como el seno materno de todos los así llamados diálogos, del mundo escénico en su conjunto, del verdadero drama. En múltiples descargas, que se suceden entrelazadas, ese origen primitivo de la tragedia irradia esta visión del drama: la aparición del todo onírico, y por tanto épico, de la naturaleza, que, por otra parte, en cuanto objetivación de un estado dionisíaco, no muestra la salvación apolínea en la apariencia, sino por el contrario la ruptura del individuo y la tendencia a unificarse con el ser originario. Por consiguiente, el drama es la expresión sensible de los conocimientos y acciones dionisíacas, y con ello está separado de lo épico como por un gran abismo[11].

El *coro* de la tragedia griega, el símbolo de la conmovida masa dionisíaca en su totalidad, encuentra su explicación

---

[10] También esta alusión falta en la versión de *ST*. Nietzsche la puede incorporar ahora, después de haberla tratado ampliamente en *DW*. Este párrafo se corresponde con el primer párrafo del capítulo 12 de *GT*.

[11] Este párrafo, nuevo respecto a *ST*, e incorporado después, junto al siguiente, al capítulo 8 de *GT*, resume y a la vez manifiesta ya la madurez que Nietzsche ha alcanzado en su visión de la tragedia. Compárese a este respecto con las primeras definiciones en el *GMD*.

plena en esta interpretación nuestra. Mientras que antes, acostumbrados al papel del coro en la moderna escena, en definitiva a un coro operístico, no podría explicarse en absoluto cómo ese trágico coro de los griegos podría ser más antiguo, originario e incluso más importante que la «verdadera acción», tal como se nos ha transmitido claramente por la tradición; mientras que con arreglo a esa mayor importancia y al carácter más originario que se nos ha transmitido no podríamos comprender por qué está compuesta únicamente por serviles seres inferiores, primariamente por obstinados sátiros; mientras que la orquesta sobre la escena seguía siendo un enigma para nosotros, llegamos ahora a la comprensión de que la escena, al igual que la acción, debe ser pensada fundamentalmente y originariamente sólo como *visión*, de que la auténtica «realidad» es entonces el coro, que genera a partir de sí mismo la visión, y es de ella de lo que habla con todo el simbolismo de la danza, del sonido y de la palabra. Ese *coro* ve en su visión a su señor y maestro Dionisos, y con ello es eternamente el *coro servil*. Ve como el dios sufre y se enaltece, y por eso mismo *no actúa*. En esa posición completamente pasiva frente al dios, es la más elevada expresión de la *naturaleza*, y por tanto la más dionisíaca, y en el entusiasmo pronuncia como ella oráculos y sentencias de sabiduría: en cuanto *comparte el sentimiento*[12], es a la vez el coro *sabio* que anuncia la verdad desde el corazón del mundo. Así surge entonces esa figura fantástica y tan aparentemente chocante del sátiro sabio y enardecido, que es a la vez el «necio humano» frente al dios: imagen de la naturaleza y de sus más poderosos impulsos, sí, símbolo de la misma y a la vez anunciador de su

---

[12] Traducimos *mitleiden* en sentido diferente a su significado literal como «compasión». En todo caso, en esta versión ampliada de *ST*, Nietzsche sintetiza ya el lugar del coro como elemento primordial portador del sentimiento o *pathos* frente al carácter primordial de la acción a partir de Eurípides. Ese sentimiento remite precisamente al regreso a la naturaleza en la que había ya depositado lo distintivo de lo dionisíaco.

sabiduría y de su arte: músico, poeta, danzarín y visionario en una sola persona.

Originalmente en el más antiguo período de la tragedia, de acuerdo con ese conocimiento y esa tradición, Dionisos, el auténtico héroe de la escena y el punto central de la visión, no existía realmente, sino que sólo era representado como si existiera, es decir, que originariamente la tragedia era sólo «coro» y no «drama». Más tarde se hizo el intento de mostrar al dios como un dios real y de presentar la forma de la visión como marco transfigurador visible a cada ojo. Con ello se inicia el «drama» en sentido estricto. Ahora el coro ditirámbico recibe la tarea de estimular el ánimo de los espectadores hasta alcanzar un grado dionisíaco, de modo que cuando el héroe trágico aparece en escena, no vean un ser humano cubierto por una máscara deforme, sino en cierto modo una forma de visión nacida de su propio éxtasis. Pensemos en Admeto meditando profundamente en su joven esposa Alcestis, de la que está separado, y ardiendo en la contemplación espiritual de ella, y como de pronto ante él se le aparece una imagen como ella formada, una parecida forma de mujer. Pensemos en su temblorosa inquietud repentina, en su comparación tormentosa, en su instintiva convicción, y tendremos entonces un análogo de la sensación con la que el espectador conmovido dionisíacamente ve aparecer al dios en la escena, con cuyo padecimiento acaba de llegar a ser uno. Involuntariamente todo lo mágico de la imagen temblorosa del dios ante su alma lo transfiere a esa forma con máscara y disuelve a la vez su realidad en una irrealidad fantasmal. Ésta es justamente la condición onírica apolínea[13], en la que el mundo cotidiano queda encubierto y da a la luz un nuevo

---

[13] Esta descripción del estado de ánimo de Admeto falta en la versión de *ST*. También aquí se evidencia que en el año transcurrido Nietzsche ha madurado su concepto de lo dionisíaco y su vinculación al coro, que aparece ahora explícita y resulta decisiva para la descripción de la tragedia.

mundo, más claro, más comprensible, más asequible que aquel otro, comparable a las sombras, en continua transformación ante nuestros ojos. Concorde con eso reconocemos en la tragedia una contraposición del estilo: lenguaje, colores, agilidad, dinámica del discurso caminan, en la lírica dionisíaca del coro y en el mundo onírico apolíneo de la escena, cada una por su lado como esferas de la expresión completamente separadas. Las apariencias apolíneas en las que Dionisos se objetiva no son ya «un mar eterno, un mecerse cambiante, una vida ardiente» como lo es la música del coro, no es ya sólo lo sentido, no son fuerzas poetizadas en imágenes, en las que el devoto de Dionisos experimenta la proximidad del dios. Ahora desde la escena se expresa ante él la claridad y la firmeza de las formas épicas. Dionisos no habla ya más a través de fuerzas, sino como héroe épico, casi con el lenguaje de Homero.

Casi[14] todo lo que en la parte apolínea de la tragedia, en el diálogo, llega hasta la superficie, parece sencillo, transparente, bello. En este sentido el diálogo es un modelo de lo griego, cuya naturaleza se revela en la danza, porque en la danza la fuerza más grande es sólo potencial, y se traiciona en la flexibilidad y en la exuberancia del movimiento. Así nos sorprende el lenguaje de los héroes de Sófocles mediante su determinación y claridad apolínea, hasta el punto de que enseguida nos imaginamos ver en el fondo más íntimo de su ser y descubrimos con algún asombro que el camino hacia ese fondo es demasiado corto. Pero si apartamos la vista del carácter del héroe que llega a la superficie y se hace visible —que en el fondo no es más que una imagen luminosa proyectada sobre una oscura pared, es decir, apariencia pura y dura— y penetramos más bien en el mito que se proyecta en esos reflejos, experimentamos entonces repentinamente un fenómeno que es inverso a un efecto óptico bien conocido. Cuando intentamos captar el

---

[14] Lo que sigue lo incorporó Nietzsche al capítulo 9 de *GT*.

sol con los ojos de modo intenso, para evitar cegarnos, tenemos, en cierto modo como remedio, manchas de color oscuro ante los ojos. Por el contrario, aquellas apariciones de imágenes luminosas de los héroes de Sófocles, por decirlo más brevemente, la máscara apolínea, son producto de una mirada en lo interior y lo terrible de la naturaleza, en cierto modo las manchas luminosas para salvarnos de la mirada dolorosa de la noche terrible. Sólo en ese sentido deberíamos poder creer captar de modo adecuado el serio y significativo concepto de «jovialidad griega», mientras que, en efecto, en todos los caminos y atajos del presente nos encontramos con el falso concepto que entiende esa jovialidad en términos de un placer ajeno al peligro.

La más sufriente figura del dolor de la escena griega, el desgraciado *Edipo*,[15] es entendida por Sófocles como el más noble de los hombres, que se ve abocado al error y a la miseria a pesar de su sabiduría, pero que finalmente ejerce a través de su terrible dolor una mágica fuerza benefactora, que sigue actuando más allá de su muerte. El más noble de los hombres no peca, viene a decirnos el profundo poeta. Por su acción puede perecer toda ley, toda ley natural, incluso el mundo moral, pero mediante esa acción se obtiene un nuevo círculo más elevado de efectos, que fundan un nuevo edificio sobre las ruinas del antiguo. Eso es lo que nos quiere decir el poeta en la medida en que es a la vez pensador religioso. En cuanto poeta nos muestra en primer lugar los nudos de un proceso prodigiosamente enmarañados que el juez lentamente, pieza a pieza, anuda en dirección a su propia ruina. La auténtica alegría griega en esa solución dialéctica es tan grande que con esto adviene a la obra un rasgo de meditada serenidad, que quiebra por completo la extremos de los terribles puntos de partida de

---

[15] Las alusiones a Edipo y Prometeo son nuevas con respecto a *ST*. Compárese, en lo relativo a Edipo, con una alusión análoga en Schelling en su *Filosofía del arte*, 695-697.

ese proceso. En *Edipo en Colono* encontramos esa misma jovialidad, pero elevada en una infinita transfiguración. A la desmedida miseria del anciano confuso, para quien todo lo que le afecta le aboca al *sufrimiento*, se alza la serenidad sobrenatural, que desciende desde la esfera de los dioses y nos indica que el héroe triste en su conducta pasiva alcanza su más elevada actividad, que se extiende mucho más allá de su vida, mientras que los anhelos e ilusiones conscientes de su temprana vida sólo le han conducido a la pasividad. Así son lentamente desatados los nudos, irresolublemente entrelazados para la mirada de los mortales, de ese proceso de la fábula de Edipo, y para nosotros sobreviene la más profunda alegría humana en esa réplica de dialéctica divina. Si con esa explicación hacemos justicia al poeta, entonces siempre cabe preguntarse aún si el contenido del mito fue creado para eso. Y aquí se muestra que toda la concepción del poeta no es otra cosa que precisamente esa imagen luminosa que, tras una mirada sobre el abismo, nos coloca ante la naturaleza salvadora. ¡Edipo, el asesino de su padre, el marido de su madre, el que resuelve el enigma de la Esfinge! ¿Qué nos dice esa triplicidad llena del misterio del destino? Existe una antiquísima creencia popular, en especial en Persia, según la cual un mago adivinador sólo podía nacer a partir de un incesto, la cual tenemos que interpretar nosotros enseguida, con relación al Edipo que resuelve el enigma y que pide en matrimonio a su madre, de modo tal que allí donde se rompe mediante la magia y las adivinaciones el hechizo del futuro y el presente, allí donde se rompe la rígida ley de la individuación y, en general, el verdadero hechizo de la naturaleza, debe preceder como causa una terrible contradicción de la propia naturaleza como en el caso del incesto. Pues ¿cómo se podría obligar a la naturaleza a entregar sus secretos si no es contradiciéndola victoriosamente, es decir, si no es mediante lo antinatural? Ése es el conocimiento que veo expresado en esa espantosa triplicidad del destino de Edipo: lo mismo que resuelve el enigma de la naturaleza —esa híbrida Esfinge— debe romper a la vez el orden de la naturaleza como asesino de su padre y marido de su madre. En efecto, el mito parece querer decirnos que la sabiduría, y en particular la sabiduría dionisíaca, es una abominación contranatural, que aquél que mediante su saber arroja a la naturaleza en el abismo de la aniquilación tiene que experimentar en sí mismo también la disolución de la naturaleza. «La agudeza de la sabiduría se vuelve contra el sabio mismo. La sabiduría es un crimen contra la naturaleza.» Éstos son los terribles veredictos que nos grita el mito. Pero el poeta heleno toca como un rayo de sol la terrible y sublime columna de Memmon del mito, de modo que de pronto comienza a sonar en melodías de Sófocles.

Frente a la gloria de la pasividad sitúo yo ahora la gloria de la actividad, que ilustra muy bien el *Prometeo* de Esquilo[16]. Lo que aquí tiene que decirnos el Esquilo pensador, eso sólo nos lo deja vislumbrar como poeta mediante su imagen en forma alegórica, que el joven Goethe nos supo revelar en la osadía de las palabras de su *Prometeo*:

> Heme aquí, creando hombres
> según mi propia imagen.
> Un género que sea igual a mí.
> Para sufrir, para llorar,
> para disfrutar y alegrarse,
> para no preocuparse de ti
> como yo mismo[17].

El hombre, elevándose hasta lo titánico, conquista su propia cultura y obliga a los dioses a unirse con él, porque en su propia sabiduría tiene en sus manos la existencia y los límites de los dioses. Pero lo más maravilloso en este poema de Prometeo, que con arreglo a su idea fundamental es el

---

[16] Añadido en esta nueva versión, recuerda consideraciones análogas de Schelling en su *Filosofía del arte*, 708-709.
[17] Última estrofa del *Prometeo* de Goethe.

auténtico himno a la impiedad, es la profunda tendencia de Esquilo hacia la *justicia*. El dolor inconmensurable del *individuo* audaz, de un lado, y la penuria divina, el barrunto de un ocaso de los dioses del otro, la fuerza que obliga a la reconciliación de ambos mundos de dolor en una unidad metafísica, todo eso nos recuerda lo más poderoso del punto central y el principio fundamental de la consideración del mundo de Esquilo, que ve entronizarse a la *Moira* como eterna justicia por encima de los dioses y de los hombres. En la sorprendente audacia con que Esquilo coloca al mundo olímpico en su balanza de la justicia debemos nosotros hoy figurarnos que el melancólico griego poseía en sus misterios un firme fondo de pensamiento metafísico, y que todos sus arranques escépticos pudieron descargarlos sobre los dioses olímpicos. El artista griego experimentaba, en especial respecto de esas divinidades, un oscuro sentimiento de recíproca dependencia. Y precisamente ese sentimiento es simbolizado en el Prometeo de Esquilo. El artista titánico encontraba en sí mismo la obstinada creencia de poder crear a los hombres y de poder aniquilar al menos a los dioses, y ello mediante su más elevada sabiduría, que desde luego se veía obligado a expiar mediante un eterno dolor. El magnífico «poder» del gran genio, que ni siquiera pagaba de modo suficiente con el dolor eterno, el áspero orgullo del «artista», eso constituye el contenido y el alma de la poesía de Esquilo, mientras que Sófocles en su Edipo entona en preludio la canción victoriosa del *santo*. Pero ni siquiera con esa interpretación que Esquilo ha dado al mito cabe medir esa sorprendente profundidad del horror. Más bien es el placer por el devenir del artista, la obstinada satisfacción de la creación artística más allá de toda desventura, la que proyecta sólo una nube iluminada y una imagen celeste que se refleja sobre un mar de negra tristeza. La leyenda de Prometeo es un patrimonio originario de todas las comunidades de pueblos arios y un documento que muestra su talento para lo trágico profundo, y no es improbable que ese mito tenga para la esencia del pueblo ario la misma significación característica que el mito del pecado original para los semitas y que entre ambos mitos exista un parentesco, como entre hermano y hermana. El presupuesto de ese mito de Prometeo es el excesivo valor que una humanidad ingenua atribuía al *fuego* como el auténtico *Palladium* de toda cultura ascendente. Pero el que el hombre reine libremente sobre el *fuego* y no lo acoja simplemente como un regalo del cielo, como un ígneo relámpago o como un ardiente rayo solar, le parecía a aquellos contemplativos hombres originarios como un sacrilegio, como un robo a la divina naturaleza. Y así inmediatamente el primer problema filosófico plantea ya una penosa contradicción irresoluble entre hombre y divinidad y la deja inamovible como un peñasco a la puerta de toda cultura. Lo mejor y lo más elevado de lo que el hombre es capaz de beneficiarse lo consigue mediante un sacrilegio y debe soportar de nuevo sus consecuencias, es decir, todo el flujo de dolor y preocupaciones con las que la divinidad ofendida debe azotar al noble género humano floreciente. Un acerbo pensamiento, que mediante la *dignidad* que concede al sacrilegio, se aparta como ajeno del mito del pecado original semítico, en el cual la curiosidad, la mendaz simulación, la seducción, la concupiscencia, en resumidas cuentas, una serie de afectos ante todo femeninos son considerados como origen del mal. Aquello que distingue a la representación aria es la visión sublime del *pecado activo* como la verdadera virtud de Prometeo. Con ello a la vez se ha encontrado el sustrato ético de la pesimista tragedia[18] en cuanto *justificación* del mal humano, y también a la vez de la culpa humana en cuanto el sufrimiento por ella producido. El mal en la esencia misma de las cosas —algo que el meditativo ario no pretende alejar mediante interpretaciones—, la contradic-

---

[18] De nuevo es pertinente la alusión al tratamiento que hace Schelling de Prometeo, como héroe que se rebela, y en virtud de ello como «verdadero arquetipo de la tragedia», ob. cit., pág. 709.

ción en el corazón del cosmos, se revela para él como una confusión entre dos mundos diferentes, por ejemplo, uno divino y otro humano, respecto a los que cada cual en cuanto individuo tiene su razón, pero en cuanto particularizado tiene que sufrir para su individuación frente al otro. En la heroica porfía de lo particular hacia lo universal[19], en el intento de salir de la esfera de la individuación y pretender incluso ser la esencia cósmica una, experimenta en sí mismo la originaria contradicción oculta en las cosas, es decir, se hace sacrílego y padece. De este modo para los arios el sacrilegio es entendido como hombre, mientras que para los semitas el pecado es entendido como mujer, hasta el punto de que incluso el sacrilegio originario es cometido por un hombre y pecado original por una mujer. A este propósito dice el coro de brujas:

> No lo hacemos exactamente del mismo modo,
> con miles de pasos lo hace la mujer,
> pero por mucho ellas puedan apresurarse,
> el hombre lo hace de golpe[20].

Quien comprende ese núcleo más profundo del relato de Prometeo —es decir, el de la necesidad del sacrilegio que se le presenta al individuo titánico en su esfuerzo— ése debe sentir inmediatamente lo no apolíneo de esa representación pesimista. Pues Apolo quiere llevar a la quietud a los seres individuales, precisamente por el hecho de trazar los límites entre ellos, y porque una y otra vez nos recuerda esos límites como las más sagradas leyes cósmicas con su exigencia del autoconocimiento y de la medida. Pero para que en la tendencia apolínea la forma no se solidifique en

---

[19] El texto anteriormente citado de Schelling dice literalmente refiriéndose a Prometeo: «porque en el sentimiento de su padecer personal a él sólo le mueve la rebelión general contra el dominio insoportable de Júpiter».

[20] *Fausto*, I, 3982-3985.

la rigidez y frialdad egipcia, para imponer a la ola individual su trayectoria y su espacio, sin que el movimiento del mar en su conjunto perezca bajo ese esfuerzo, es para lo que cada cierto tiempo la elevada pleamar de lo dionisíaco destruye ese pequeño círculo, en el que la unilateral «voluntad» apolínea pretende encerrar a la helenidad. Esa creciente y repentina marea de lo dionisíaco toma sobre sus espaldas las pequeñas crestas de las olas individuales como el hermano de Prometeo, el titán Atlas, lo hace con la tierra. Ese impulso titánico de querer ser en cierto modo el Atlas de todo lo individual y cargarlo con amplias espaldas cada vez más arriba y más allá, es lo común entre lo prometeico y lo dionisíaco. El Prometeo de Esquilo es en esta consideración una máscara dionisíaca, mientras que en ese profundo rasgo de Esquilo hacia la justicia hace poco mencionado delata su procedencia paterna de Apolo, del dios de la individuación y de los límites de la justicia, del dios del conocimiento. Y así la esencia dual del Prometeo de Esquilo podría expresar —para sorpresa del lógico Eurípides— su naturaleza a la vez apolínea y dionisíaca en una fórmula conceptual como esta: «todo lo que existe es a la vez justo e injusto y en ambos casos está al mismo tiempo justificado».

Esto es tu mundo. Esto es un mundo[21]

Es[22] una tradición indiscutible la de que la tragedia griega en su forma más antigua sólo tiene por objeto el sufrimiento de Dionisos y que durante ese largo período de tiempo el único héroe escénico que existió fue por lo tanto Dionisos. Pero con idéntica seguridad puede afirmarse que hasta Eurípides nunca había dejado Dionisos de ser el héroe trágico, sino que todas las figuras célebres de la escena

---

[21] *Fausto*, I, 409.
[22] Lo que sigue lo incorporó Nietzsche al capítulo 10 de *GT*.

griega, Prometeo, Edipo, etc.[23], sólo son máscaras de ese originario héroe que era Dionisos. En definitiva, que detrás de todas esas máscaras se esconde una divinidad, que es el único fundamento esencial para esa con tanta frecuencia sorprendente «idealidad» típica de aquellas célebres figuras. No sé quien ha afirmado que todo individuo en cuanto individuo resulta cómico y por tanto no trágico. De ello se debería seguir que los griegos no *podían* admitir en absoluto individuos en la escena. De hecho deben haberlo vivido de ese modo, como en general la distinción y la valoración platónica de la «idea» frente al «ídolo» tiene su fundamento en lo profundo de la esencia helénica. Para servirnos de la terminología de Platón, cabría hablar de las figuras de la escena griega del modo siguiente: el auténtico Dionisos real aparece en una pluralidad de figuras, en la máscara de un héroe combativo y en cierto modo enredado en la red de la voluntad individual. Tal como habla y actúa el héroe que aparece en cada caso, se aproxima a un individuo que se equivoca, se esfuerza y padece. Y lo que realmente *aparece* con esa determinación y claridad es el efecto del Apolo intérprete de sueños, que interpreta al coro su estado dionisíaco mediante esa aparición uniforme. Pero en realidad ese héroe es el sufriente Dionisos de los misterios, el dios que soporta en sí mismo el padecimiento de la individuación, del que los mitos maravillosos relatan como fue despedazado de joven por los titanes y que es venerado en esa condición como Zagreo[24]. En lo cual hay que entender que ese despedazamiento, el auténtico *sufrimiento* de Dionisos, es igualmente una metamorfosis en aire, agua, tierra y piedra, con lo que deberíamos entonces considerar el estado de la

---

[23] Inmediatamente después de las alusiones a Prometeo por parte de Schelling, éste afirma: «muy distinto es lo que ocurre en las tragedias de Eurípides...»

[24] Zagreo es una primera forma de Dionisos, un joven devorado por los Titanes. Ya hemos mencionado las alusiones a esta figura como Dionisos en el Schelling de la *Filosofía de la mitología*.

individuación como la fuente y el origen último de todo padecimiento, como algo en sí mismo rechazable[25]. De las risas de ese dios surgieron los dioses olímpicos, de sus lágrimas los seres humanos. En esa existencia como ser despedazado Dionisos posee la doble naturaleza de un daimon cruel y salvaje y de un soberano indulgente y dulce. Pero la esperanza de los *epoptai*[26] se dirigió a la resurrección de Dionisos, que debemos concebir ahora como perfectamente análoga al final de la individuación. El arrebatado canto de alegría de los *epoptai* resuena ante ese tercer Dionisos por venir[27]. Y sólo en esa esperanza hay un rayo de alegría para la faz del mundo desgarrado, desintegrado en individuos, tal como se simboliza mediante el mito de Deméter hundida en eterna tristeza, la cual por primera vez vuelve a *alegrarse* cuando se le dice que puede todavía alumbrar a Dionisos. En las intuiciones mencionadas tenemos reunidos ya todos los elementos de una visión del mundo profunda y pesimista, y con ello a la vez la doctrina de los *misterios de la tragedia*: el conocimiento fundamental de la unidad de todo lo existente, la concepción de la individuación como la razón primordial del mal, la belleza y el arte como la alegre esperanza de que se puede romper el hechizo de la individuación, como el vislumbre de una restaurada unidad.

---

[25] Aquí una vez más Nietzsche hace uso de la interpretación de Schopenhauer acerca de la existencia humana y su condición dolorosa vinculada al principio de individuación.

[26] Se trata de los oficiantes de la *epopteia*, una de las fases de los Misterios de Eleusis, en concreto del rito final o culminación donde se produce la visión suprema.

[27] También esta alusión faltaba en la versión más reducida de *ST*. Sobre esta concepción trinitaria de Dionisos, cfr. Schelling, *Filosofía de la mitología*, *SW*, II, 2, 635, quien también habla de la fusión que se da entre Apolo y Dionisos en la doctrina de los misterios. Cfr. ídem, 668.

Separar de la tragedia de ese elemento dionisíaco originario y omnipotente, para reconstruirlo de nuevo y completamente sobre un arte, uso y visión del mundo antidionisíacos, ésa es la tendencia de Eurípides, que se nos descubre ahora con toda claridad [28].

El mismo Eurípides al final de su vida planteó en un mito a sus contemporáneos como la cuestión más importante la pregunta por el valor y el significado de esa tendencia. ¿Debe subsistir Dionisos? ¿No debe ser expulsado violentamente del suelo heleno? Ciertamente, nos dice el poeta, si ello fuera posible, pero el dios Dionisos es demasiado poderoso. El más juicioso rival —como Penteo en *Las bacantes*— es inesperadamente hechizado por él y con ese encantamiento corre hacia su ruina. El juicio de los dos viejos, Kadmo y Tiresias, parece ser también el del anciano poeta: la reflexión del más inteligente de los individuos no vence aquellas antiguas tradiciones del pueblo, esa veneración eternamente implantada de Dionisos, y muestra cómo es conveniente, frente a determinadas fuerzas maravillosas, al menos mostrar una diplomática y prudente colaboración. Pero siempre resulta posible que el dios se incomode ante una colaboración como esa y convierta al diplomático en un dragón, como finalmente es el caso de Cadmo. Esto nos lo dice un poeta que con heroica fuerza luchó frente a Dionisos durante toda una larga vida, y que concluyó al final de la misma con la glorificación de su rival y una autoinmolación de su propia trayectoria vital, como aquel que padece de vértigo, que sólo por huir de lo terrible del torbellino ya no soportable, se arroja desde la torre. Esa tragedia es una protesta contra lo realizable de su tendencia. Y ciertamente acabó por realizarse. Ocurrió algo maravilloso. Cuando el poeta renunció, su tendencia había finalmente triunfado. Dionisos fue finalmente expulsado de la escena y

---

[28] Esta fórmula sintética, que falta en *ST*, fue recogida en el capítulo 12 de *GT* lo mismo que los párrafos siguientes.

precisamente mediante un poder demoníaco que habla a partir de Eurípides. En cierto modo el propio Eurípides fue también una máscara. La divinidad que hablaba desde él no era Dionisos, tampoco Apolo, sino un daimon recién venido al mundo, llamado Sócrates[29]. Ésta es la nueva contraposición: *lo dionisíaco frente a lo socrático*, y la obra de arte de la tragedia griega pereció en lo esencial con arreglo a ella[30]. Por mucho que Eurípides quiera consolarnos en su renuncia, no lo consigue. El templo más esplendoroso yace convertido en escombros: ¿de qué nos sirve a nosotros la queja de dolor de quien lo ha destruido y su confesión de que era el más bello de los templos? ¿Y de qué nos sirve incluso que, como condena, Eurípides se haya convertido en un dragón para los críticos de arte de todos los tiempos? ¿A quién puede satisfacer esta miserable compensación?

Acerquémonos más ahora a esa tendencia *socrática* con la cual Eurípides combatió y triunfó sobre la tragedia de Esquilo.

¿Qué objetivo —deberíamos preguntarnos ahora— podría tener, en la suprema idealidad de su ejecución, la intención de fundamentar el drama únicamente a partir de lo no dionisíaco? ¿Qué forma le queda todavía al drama si no puede ya nacer del seno materno de la música, en esa media luz llena de misterio de lo dionisíaco? Únicamente la *épica dramatizada*: en cuyo dominio artístico apolíneo el efecto *trágico* es ahora inalcanzable. No es cuestión aquí del contenido los acontecimientos que se representan. Lo que quiero decir es que a Goethe le hubiera sido imposible en su proyectada *Nausikka* hacer comprensible trágicamente el

---

[29] Cfr. una alusión análoga en Schelling, *Filosofía de la mitología*, II, 2, 283-84.

[30] Éste es un salto decisivo que no estaba dado ni en *ST* ni en *DW*, pero que resulta de la combinación de los elementos presentes en ella a partir de esa última alusión al daimon socrático en su paralelismo con Dionisos, y que termina por determinar el sentido de *El nacimiento de la tragedia*.

suicidio de ese ser idílico —que debería haber llenado los cinco actos. La fuerza de lo épico-apolíneo es tan poco común que transforma las cosas más terribles con ese gusto por la apariencia, y mediante ella las libera ante nuestros ojos. El poeta de la ética dramatizada no puede llegar a una fusión con sus imágenes, lo mismo que tampoco lo puede hacer el rapsoda épico. Está siempre quieto, inmóvil, con mucha atención ante las imágenes que ve ante sí. En esa épica dramática el actor sigue siendo en sentido profundo un mero rapsoda narrador. En todas sus acciones se consagra el visionario interior, pues no es nunca actor. Sólo de esa forma podemos acercarnos con plena comprensión a la *Ifigenia* de Goethe, en la cual podemos saludar el nacimiento de la suprema épica dramática.

¿Cómo se comporta frente a ese ideal del puro drama apolíneo la obra de Eurípides? Como aquellos jóvenes frente a los rapsodas de los antiguos tiempos, cuya esencia puede ser descrita en lenguaje del *Ion* platónico[31] del modo siguiente: «cuando digo algo triste mis ojos se llenan de lágrimas, pero si digo algo terrible y espantoso, entonces se me eriza el cabello de la cabeza por el estremecimiento, y mi corazón palpita». Aquí no advertimos ya aquel épico perderse en la apariencia, aquella frialdad sin afectos del verdadero actor, que incluso en su máxima actividad sólo es apariencia y placer en la apariencia. Eurípides es el actor del corazón palpitante, con el cabello erizado. Como pensador socrático traza el plan, como actor apasionado lo ejecuta. Un verdadero artista no lo es ni en el trazado ni en la ejecución. Así el drama de Eurípides es a la vez una cosa fría y encendida, lo mismo capaz de entumecerse que de arder. Le resulta así imposible alcanzar el efecto apolíneo de la épica, mientras que por otra parte se ha liberado en lo posible de los elementos dionisíacos y, ahora, para poder producir efectos sin más, necesita de nuevos medios

---

[31] *Ion*, 535 c 5-8. La referencia falta también en *ST*.

de estímulo que ya no pueden estar en el interior de los dos únicos impulsos artísticos, el apolíneo y el dionisíaco. Esos medios de estímulo son fríos pensamientos paradójicos —en lugar de las visiones apolíneas— y encendidos afectos —en lugar de los éxtasis dionisíacos, y en todo caso se trata de afectos reales en el más pleno sentido, verdaderamente naturales, pero en ningún caso afectos y pensamientos inmersos en el éter del arte.

En la medida en que hemos reconocido que Eurípides no llegó a fundamentar el drama únicamente en lo apolíneo, sino que más bien desvió su tendencia apolínea hacia una tendencia naturalista y antiartística, en esa medida debemos hallarnos ya próximos a toparnos con la esencia de la *estética socrática*, cuya suprema ley reza más o menos así: «todo ha de ser comprensible para ser bello», en cuanto principio paralelo al principio socrático de que sólo el sabio es virtuoso. Con ese canon en la mano Eurípides midió todo lo particular y rectificó con arreglo al mismo el lenguaje, los caracteres, la estructura dramática, la música coral. Lo que con tanta frecuencia acostumbramos a considerar en Eurípides como una carencia poética y un retroceso en comparación con la tragedia de Esquilo, es precisamente el producto de ese penetrante proceso crítico, de esa audaz racionalidad. El *prólogo* de Eurípides nos sirve como ejemplo de la productividad de ese método racionalizado. Nada puede resultar más contrario a nuestra técnica escénica que el prólogo en el drama de Eurípides. El que una persona individual entrando al comienzo de la pieza relate cómo es ésta, lo que precede a la acción, lo que ha ocurrido hasta ahora, lo que ocurrirá a lo largo de la obra, eso lo describiría un autor dramático moderno como una inexcusable e insolente renuncia al efecto del suspense. Si ya se sabe todo lo que va a ocurrir, ¿quién querrá esperar a que ocurra realmente? Puesto que desde luego aquí en ningún caso estamos ante un sueño profético que tenga que ver con una realidad que ha de sobrevenir más tarde. El efecto de la tragedia no descansó nunca sobre la tensión épica, sobre la excitante incertidumbre acerca de lo que acontecerá ahora y más tarde, sino más bien sobre aquellas grandes escenas retóricas y líricas, en las que la pasión y la dialéctica de los héroes principales crecen hasta llegar a ser un amplio poderoso torrente. Todo se preparaba para el *pathos* y no para la acción. Y aquello que no se disponía para el *pathos* se consideraba rechazable. Pero lo que más dificultaba a los oyentes el plácido abandono en esas escenas era la ausencia de algún elemento, un hueco en el tejido de la historia anterior. Mientras el espectador tuviese que estar pendiente aún de considerar quién es y qué significa este u otro personaje, qué intenciones e inclinaciones subyacen a este o aquel otro conflicto, no resulta posible su inmersión total en la acción y la pasión de los protagonistas, su sentir y temer con ellos casi sin aliento. La tragedia de Esquilo y Sófocles, para dar a los espectadores en las primeras escenas de un modo casual todos los hilos necesarios de la acción, utilizó un ingenioso recurso artístico. Un rasgo que conserva toda actividad artística noble, el de, en cierto modo, enmascarar lo formal *necesario* y dejarlo aparecer como casual. Pero en esto Eurípides creyó advertir que durante esas primeras escenas el espectador está en una verdadera inquietud por calcular los hechos relativos a la historia antecedente, hasta el punto de que se perdían para él la belleza poética y el *pathos* de la exposición. Por eso hizo preceder el prólogo a la exposición misma y lo puso en boca de una persona en la que debería poder confiarse. Con frecuencia una divinidad debía garantizar en cierta medida el desarrollo de la tragedia, y eliminar las dudas acerca de la realidad del mito, de modo parecido a como Descartes fue capaz de probar la realidad del mundo empírico sólo mediante la apelación a la veracidad divina y a su incapacidad para la mentira. La misma veracidad divina la necesita Eurípides de nuevo en la conclusión del drama, a fin de presentar seguro ante su público el futuro de sus héroes. Ésta es la tarea del famoso *deus ex machina*. Entre el preludio y el epílogo épico-lírico está el presente dramático, el verdadero «drama».

174

Así, Eurípides, como poeta, es ante todo el eco de su conocimiento consciente, y es eso precisamente lo que le otorga un lugar tan memorable en la historia del arte griego. En relación con su actividad crítico-productiva se le debe haber pasado por la cabeza muchas veces si debía, al inicio del drama, resucitar el comienzo mismo del escrito de Anaxágoras, cuyas primeras palabras dicen así: «Al principio todo estaba mezclado, entonces vino el entendimiento y puso orden.» Y si Anaxágoras con su *nous* apareció como el primer filósofo sobrio entre otros beodos, entonces Eurípides debió concebir también con las mismas imágenes su relación con otros poetas de la tragedia[32]. Mientras el único orden y gobierno del todo, el *nous*, permaneció excluido de la creación artística, todo permaneció mezclado en un magma caótico. Así Eurípides, como primer poeta sobrio, debió juzgar a los poetas embriagados. Aquello que Sófocles dijo de Esquilo de que hacía lo correcto pero sin saberlo, no lo dijo desde luego en el sentido de Eurípides. Éste sólo hubiera admitido que Esquilo, *puesto* que creaba de modo inconsciente, hacía lo incorrecto. También el divino Platón habla de la capacidad creadora del poeta en la medida en que éste no tiene una visión consciente, pero lo hace la mayoría de las veces sólo de modo irónico y lo sitúa al mismo nivel que al talento para la profecía y la interpretación de sueños, de modo que el poeta no es verdaderamente capaz de crear antes de haber perdido la conciencia y no poseer ya ningún entendimiento. Eurípides emprendió, como lo había hecho Platón, la tarea de mostrar al mundo la figura contrapuesta del poeta irracional. Si principio estético «todo debe ser consciente para ser bello»

---

[32] Esta alusión a Anaxágoras falta en *ST*. Nietzsche la añade aquí después de intensificar el carácter socrático de Eurípides. Resulta notable que Schelling reúna ambos en su *Filosofía del arte* al hablar de la tragedia de Eurípides (cfr. *Filosofía del arte*, 417), o que F. Schlegel en sus *Lecciones sobre arte y literatura* afirme que sobre Eurípides el que influye, más que Sócrates, es Anaxágoras. KA, XI, 748-49.

es, como ya he dicho, paralelo al principio socrático según el cual «todo ha de ser consciente para ser bueno». Con arreglo a lo cual podemos considerar a Eurípides como el poeta del socratismo estético. Pero Sócrates es precisamente *aquel segundo espectador* que no comprendía la tragedia antigua y que por eso mismo no la respetaba. En alianza con él se atrevió Eurípides a ser el heraldo de un nuevo modo de hacer artístico. Si la tragedia antigua pereció ante este nuevo modo, entonces el socratismo estético fue el principio asesino. Pero en cuanto que la lucha se dirigía contra lo dionisíaco del arte antiguo, en ello reconocemos en Sócrates el rival de Dionisos, el nuevo Orfeo, que se levantó contra Dionisos, que si bien ciertamente fue destruido por las ménades de la justicia ateniense, obligó incluso a huir al todopoderoso dios, igual que antaño huyó de Licurgo, el rey de los edones, y se salvó en lo profundo del mar, es decir, en las olas místicas de un culto secreto que fue invadiendo poco a poco el mundo.

Que[33] Sócrates tuvo una estrecha relación con la tendencia de Eurípides, es algo que no pasó inadvertido para la antigüedad que le fue contemporánea. Y la más elocuente expresión de ese acertado olfato es ese cuento extendido por Atenas con arreglo al cual Sócrates acostumbraba a ayudar a Eurípides en su tarea creadora. Ambos nombres eran considerados por los seguidores de «los antiguos buenos tiempos» como los seductores del pueblo de su época, de cuyo influjo dependía que la antigua reciedumbre maratoniana del cuerpo y la mente se convirtiera, víctima de una cada vez más dudosa ilustración, en una progresiva medrosidad de las fuerzas del alma y el cuerpo. En ese tono, mitad con indignación, mitad con desprecio, acostumbraba a hablar de estos hombres la comedida de Aristófanes, para sobresalto de los más modernos, que desde luego abandonan gustosos a Eurípides, pero que no dejan

---

[33] Lo que sigue lo incorporó Nietzsche al capítulo 13 de *GT.*

de sorprenderse de que Sócrates aparezca en Aristófanes como el primero de los sofistas y el *sofista* consumado, como el espejo y la sustancia de todo el esfuerzo sofístico. En lo cual únicamente descubren un consuelo, el de poner a Aristófanes mismo en la picota como un bribón y mentiroso Alcibíades de la poesía. Sin asumir aquí la defensa de los profundos instintos de Aristófanes frente a tales ataques, continúo con la demostración del profundo parentesco entre Sócrates y Eurípides a partir del sentimiento de la época sobre el mismo. En este sentido hay que recordar que Sócrates como enemigo del arte trágico se abstuvo de acudir a la tragedia, y sólo se situaba entre los espectadores cuando se representaba una nueva obra de Eurípides. Pero lo que resulta más conocido es la estrecha asociación de ambos nombres en el oráculo de Delfos, que calificaba a Sócrates como el más sabio de los hombres, pero que a la vez ofreció la sentencia de que a Eurípides le correspondía el segundo premio en el certamen de la sabiduría.

Como el tercero en ese escalafón se nombró a Sófocles: aquel que se había jactado frente a Esquilo de que hacía las cosas correctamente, y ciertamente *porque sabía* lo que era correcto. Es obvio que el grado de la claridad de ese *saber* es lo que distingue a los tres hombres como los tres «sabios» de su época.

Pero la expresión más aguda respecto de esa nueva e inaudita apreciación de la sabiduría y del conocimiento la pronunció Sócrates, cuando se descubrió a sí mismo como el único que reconocía *no saber nada,* mientras que en su recorrido crítico por Atenas, hablando con los grandes políticos, oradores, poetas y artistas se topaba por todas partes con la mera presunción de la sabiduría. Con sorpresa descubrió que todas esas celebridades ejercían incluso sus propias profesiones sin un conocimiento correcto y seguro, y sólo como por instinto. «Sólo por instinto.» Con esta expresión rozamos el corazón y el punto central de la tendencia socrática. Con ella condena Sócrates tanto el arte como la ética existentes. Allí donde dirige su mirada escrutadora descubre la falta de conocimiento y el poder de la demencia, y concluye a partir de esa falta lo absurdo y rechazable de lo existente. Desde ese lugar creyó Sócrates tener que corregir la existencia. Él, el único, penetra en un nuevo mundo con el gesto del desprecio y la superioridad, como predecesor de una cultura, una moral y un arte completamente distintos, en un mundo con respecto al que deberíamos considerarnos de lo más afortunado de sólo rozarlo con veneración.

Ésta es la terrible perplejidad que nos embarga una y otra vez ante Sócrates, y que siempre nos estimula de nuevo a conocer el significado y la intención de esa aparición, la más problemática de la antigüedad. ¿Quién es ese que se atreve como un individuo a negar la esencia griega, que como Homero, Píndaro, y Esquilo, como Fidias, como Pericles, como Pitia y Dionisos, como el más profundo abismo y la más elevada cima, está seguro de nuestra asombrada admiración? ¿Qué fuerza demoníaca es esta que se atreve a derramar esa poción mágica sobre el polvo? ¿Qué semidiós es el que obliga al coro espiritual de los hombres más nobles a gritar: ¡Ay!, ¡Ay!, tú lo has destruido, este bello mundo, con un puño poderoso. ¡Se precipita, se descompone!?

Una clave acerca de la esencia de Sócrates nos la ofrece esa sorprendente aparición que se denomina el «daimon socrático». En situaciones especiales en las que su enorme entendimiento caía en la vacilación, encontraba un firme apoyo mediante una voz divina que se le manifestaba en tales momentos. Esa voz, al aparecérsele, es siempre *disuasoria*. La sabiduría instintiva se muestra en esta naturaleza totalmente anormal sólo para *obstaculizar* el conocimiento consciente. Mientras que en todo hombre productivo el instinto es precisamente la fuerza creativo-afirmativa y la conciencia se comporta de modo crítico y disuasorio, en Sócrates el instinto se hace crítico y la conciencia creadora. Una auténtica monstruosidad *per defectum*. Y desde luego percibimos aquí un monstruoso *defectus* de toda disposición mística, de modo que cabría considerar a Sócrates como el *no místico específico*, en el que la naturaleza lógica incluso se ha desarrollado excesivamente mediante una superfectación como en el místico aquella sabiduría instintiva. Por otra parte al propio Sócrates le era imposible dirigir contra sí mismo ese impulso lógico que en él aparece. En esa corriente sin ataduras se pone de manifiesto una fuerza de la naturaleza que, para nuestra estremecedora sorpresa, sólo encontramos en las fuerzas instintivas más poderosas. Quien haya experimentado sólo un soplo de esa divina ingenuidad y seguridad de la dirección vital de Sócrates en los escritos de Platón, ése habrá sentido también cómo la gran rueda motora del socratismo está a la vez en movimiento *detrás* de Sócrates mismo, y cómo ésta ha de ser vista a la vez mediante Sócrates y mediante su sombra. Pero el hecho de que él mismo vislumbraba esa relación, eso se expresa en la prodigiosa seriedad mediante la que hizo valer su vocación divina en general, y en particular ante sus jueces. Contradecirle en eso era en el fondo tan imposible como tener por bueno su impulso disolvente. Ante un conflicto insoluble como éste, cuando fue llevado el tribunal del Estado griego, la única forma de condena aplicable era el destierro. Habría que haberle llevado más allá de las fronteras, como a algo enigmático, inexplicable, innombrable, sin haber dado a la posteridad el derecho de incriminar a los atenienses con un hecho vergonzoso. Pero el que se le condenara a muerte y no sólo al destierro, eso parece haberlo impuesto Sócrates mismo con toda claridad y sin el natural espanto ante la muerte. Según la descripción de Platón, fue a la muerte con una tranquilidad como la del último bebedor que deja el simposio ante al despunte del amanecer para comenzar un nuevo día. Entretanto allí permanecieron a sus espaldas, sobre los asientos y sobre el suelo, sus adormilados contertulios, para soñar con Sócrates, el verdadero erótico. El *Sócrates en trance de morir* se convirtió en el nuevo ideal nunca antes imaginado de la noble juventud griega. Sobre todos los demás fue Platón, el típico joven adolescente griego, quien quedó postrado ante esa imagen con toda la abnegación de su alma apasionada. Pensemos[34] ahora en el único gran ojo ciclópeo de Sócrates clavado en la tragedia, ese ojo en el que nunca ha brillado la venturosa locura del entusiasmo artístico. Pensemos cómo a ese ojo se le ha denegado el poder complacerse en la visión de los abismos dionisíacos. ¿Qué debió ver él entonces realmente en el «sublime y muy celebrado» arte trágico, tal como es denominado por Platón? Algo completamente irracional, con causas que parecían no tener efectos, y con efectos que parecían no tener causas, de modo que el conjunto parecía tan abigarrado y diverso, que debía repugnar a una mente sensata, mientras que para almas excitables y sensibles resulta una peligrosa espoleta. Bien sabemos que el único género poético que él entendía era la *fábula de Esopo*. Y ciertamente esto ocurría con esa risueña acomodación con la que el bueno y honesto de Gellert canta el elogio de la poesía en la fábula de la abeja y la gallina.

En mí ves para qué sirve.
Para aquel que no tiene muchas luces
Sirve para decirle la verdad mediante una imagen.

Pero a Sócrates le parecía que el arte trágico ni siquiera dice la verdad, abstrayendo de que no se dirige a quien *no tiene mucho entendimiento*, por tanto no al filósofo. Doble motivo para mantenerse alejado de ese arte. Como Platón, incluía al arte trágico entre las artes lisonjeras, que sólo representan lo agradable, pero no lo útil, y por eso exigía a sus seguidores abstinencia y estricta separación con respecto a tan antifilosóficos atractivos. Y con tal éxito que el joven Platón autor de tragedias quemó sus poemas para poder convertirse en discípulo de Sócrates. Pero allí donde invencibles predisposiciones combatían las máximas socráticas, la fuerza de éstas fue siempre, en virtud de su terrible carác-

---

[34] Lo que sigue lo incorporó Nietzsche al capítulo 14 de *GT*.

ter, lo suficientemente grande como para apremiar incluso a la poesía misma e impulsarla hacia posiciones nuevas, desconocidas hasta entonces.

Un ejemplo de ello es precisamente el mencionado Platón. Él, que en la condena de la tragedia y del arte no se había quedado atrás respecto del ingenuo cinismo de su maestro, por pura necesidad artística se vio obligado a crear una forma de arte que estaba estrechamente emparentada con las ya existentes que él mismo repudiaba. La principal objeción que Platón había hecho al arte anterior, el que fuera la imitación de una imagen sensible, es decir una esfera todavía inferior a la del mundo empírico, no podía en ningún caso ser dirigida contra la nueva obra arte. Y así, vemos que Platón se esfuerza por ir más allá de la realidad, y presentar aquellas ideas que eran el fundamento de la falsa realidad. Con ello el Platón pensador alcanzó mediante un rodeo aquel lugar en el que como poeta siempre se había sentido como en casa, y desde donde Sófocles y todo el antiguo arte habían protestado contra aquella objeción. Si la tragedia había reabsorbido en ella todos los géneros artísticos, entonces esto debería servir también para el diálogo platónico en un sentido excéntrico, el cual, surgido mediante una mezcla de todos los estilos y formas existentes, entre el relato, la lírica, el drama, osciló en un punto intermedió entre la poesía y la prosa, y con ello rompió también con la antigua ley de la unidad de la forma de lenguaje. En esa senda fueron todavía más lejos los escritores *cínicos*, quienes en la más abigarrada mezcla de estilos, en el ir y venir entre las formas en prosa y las métricas, consiguieron también la imagen literaria del *Sócrates furibundo*, que acostumbraban igualmente a presentar en la vida. El diálogo platónico fue el bote en el que la antigua poesía naufragada consiguió salvarse a ella y a todos sus hijos. Comprimidas en un espacio estrecho, y temerosamente sometidas al único piloto, entraron en un mundo nuevo, que nunca podía cansarse de ver la fantástica imagen de esa procesión. En realidad Platón había dado a la posteridad el modelo de una nueva forma artística, el *modelo de la novela*, a la cual hay que caracterizar como la fábula de Esopo infinitamente ampliada, en la que la poesía vive sometida en un orden jerárquico respecto de la filosofía dialéctica, análogo al que esta misma vivió con respecto a la filosofía, es decir, como *sierva*. Éste fue el nuevo lugar de la poesía, al que la impulsó Platón bajó la presión de Sócrates.

Aquí *el pensamiento filosófico*, al crecer, recubre el arte y le obliga a adherirse estrechamente al tronco de la dialéctica. La tendencia *apolínea* se metamorfoseó en el esquematismo lógico, algo que se corresponde con lo que pudimos ver en Eurípides, además de una transformación de lo *dionisíaco* en una emoción natural. Sócrates, el héroe dialéctico de Platón, nos recuerda a la naturaleza con él emparentada del héroe de Eurípides, que debe defender sus acciones mediante argumentos y contraargumentos, y con ello corre el riesgo de perder nuestro sentimiento trágico. Pues, ¿quien podría no reconocer el elemento optimista en la esencia de la tragedia, que celebra su fiesta en cada argumento, y que sólo puede respirar en la fría claridad de lo consciente, el elemento optimista que, una vez introducido en la tragedia, cubre por completo sus regiones dionisíacas y debe impulsarla necesariamente a su propia negación hasta el salto mortal en el espectáculo burgués? Recordemos únicamente las consecuencias de los principios socráticos: «virtud es saber, sólo se peca a partir de la ignorancia, el virtuoso es feliz». En estas tres formas del optimismo radica la muerte de la tragedia. Pues ahora el héroe virtuoso ha de ser dialéctico, pues ahora ha de darse entre la virtud y el saber, entre la creencia y la moral, una ligazón necesariamente visible, ahora la transcendental solución de la justicia de Esquilo ha de rebajarse hasta el plano e impúdico principio de la «justicia poética» con su superfluo *deus ex machina*.

¿Cómo aparece ahora el *coro*, y en general todo el trasfondo musical-dionisíaco de la tragedia, frente a ese nuevo mundo escénico socrático-optimista? Aparece como algo accidental, como una extraña reminiscencia del origen de la tragedia, mientras que hemos visto que precisamente el coro sólo puede ser entendido como *causa* de la tragedia y de lo trágico en general. Y ya en Sófocles se inicia esa confusión en lo que al coro respecta, un signo importante de que en él lo dionisíaco comienza a descomponerse. Se atreve a llevar al coro a un nuevo uso como actor, como participante en la acción, y por tanto a introducirlo en la escena desde la orquesta, con lo que su esencia misma queda entonces totalmente destruida, por mucho que Aristóteles quiera darle su aprobación a esa concepción del coro. Esa alteración de la posición del coro que Sófocles en todo caso puso en marcha mediante la praxis, e incluso según la tradición recomendó en un escrito, es el primer paso para la *destrucción* del coro, una fase que Eurípides, Agatón y la nueva comedia siguieron con escalofriante velocidad. La dialéctica optimista expulsa de la tragedia a la *música* mediante el látigo del silogismo. Es decir, destroza la esencia de la tragedia, que sólo puede interpretarse como una manifestación y figuración de los estados dionisíacos, como la simbolización visible de la música, como el mundo onírico de una embriaguez dionisíaca.

Por lo tanto tenemos que admitir, incluso antes de Sócrates, una tendencia activa antidionisíaca, que sólo en él alcanza una inaudita expresión grandiosa. Así pues, no debemos arredrarnos ante la cuestión de hacia donde apunta una aparición como la de Sócrates. Pues no estamos todavía en condiciones, a la vista de los diálogos platónicos, de comprenderla sólo como una fuerza negativa meramente disolvente. Y tan cierto como que el efecto más inmediato del impulso socrático se dirigió a la descomposición de la tragedia dionisíaca, una profundamente significativa experiencia de la vida de Sócrates mismo nos compele a la cuestión de si entre el socratismo y el arte existe una relación necesariamente contrapuesta, o si el nacimiento de un «Sócrates artístico» es en sí mismo algo contradictorio.

Ese déspota lógico tuvo frente al arte, en distintos momentos, el sentimiento de una laguna, de un vacío, de un reproche a medias, tal vez de un deber omitido. Con frecuencia le sobrevenía en sueños, como él mismo relató en la cárcel a sus amigos, una y la misma aparición, que siempre repetía lo mismo: «Haz música, Sócrates.» Hasta el final de sus días se tranquiliza pensado que su filosofar era la música suprema, y no le parecía creíble que una divinidad se refiriera a la «música popular, común». Finalmente en la cárcel, para liberar totalmente su conciencia, consiente también en practicar esa música tan poco apreciada por él. Y con esa idea compone un Proemio a Apolo y pone en verso una fábula de Esopo. Lo que le presionaba para tales ejercicios era algo parecido a esa voz daimónica que le advertía, era su visión apolínea, como un rey bárbaro ante una noble imagen divina que no comprende y que corre el peligro, a partir de esa incomprensión, de pecar contra una divinidad. Esa palabra del sueño socrático es el único signo de una vacilación más allá de los límites de la naturaleza lógica. ¿Acaso —debió preguntarse— aquello que a mí me resulta incomprensible no es también sin más lo incomprensible? ¿Hay tal vez un reino de la sabiduría del que esté expulsado el lógico? ¿Es acaso el arte incluso un necesario correlato y suplemento de la ciencia?[35]

En[36] el sentido de estas últimas preguntas cargadas de presentimientos, para concluir, hay que poner de manifiesto cómo el influjo de Sócrates, a partir de este momento y de aquí en adelante para todo futuro, se ha extendido sobre la posteridad igual que una sombra cada vez más grande en el sol del atardecer, cómo ese influjo obliga una y otra vez a una nueva recreación del arte —y del arte entendido en el sentido más amplio y profundo, en el sentido metafí-

---

[35] Se aprecia un notable cambio de actitud ante esta misma anécdota tal como es recogida en *ST*. Allí el relato se cierra con una apreciación irónica y despectiva frente a Sócrates, aquí en cambio con una serie de interrogantes, que abren ya la conocida ambigüedad frente a Sócrates en la posterior trayectoria de Nietzsche.

[36] Lo que sigue lo incorporó Nietzsche al capítulo 15 de *GT*.

sico—, y cómo en su propia infinitud asegura también la del arte.

Antes de que esto pudiera ser reconocido, antes de que se hubiera podido probar de modo convincente la más íntima dependencia de todo arte respecto del de los griegos, de los griegos desde Homero hasta Sócrates, tenía que ocurrirnos a nosotros con esos griegos lo mismo que a los atenienses con Sócrates. Prácticamente en cada época y en cada etapa cultural se ha intentado, con profundo fastidio, liberarse de los griegos, porque en comparación con ellos todo logro propio, aparentemente del todo original y justa y francamente admirado, parecía perder repentinamente el color y la vida, y se rebajaba hasta parecer una copia mal ejecutada, incluso una caricatura. Y así irrumpe una y otra vez de nuevo la encendida rabia contra esa gentecilla presuntuosa que se atrevió a designar por todos los tiempos como «bárbaro» a todo lo extranjero. ¿Quiénes son estos, se preguntaba uno, que a pesar de que sólo pueden mostrar un brillo histórico efímero, sólo unas limitadas instituciones ridículas, sólo una dudosa eficacia de sus costumbres, y que incluso están señalados por vicios odiosos, a pesar de todo ello pretenden la dignidad y el lugar privilegiado entre los pueblos que corresponde al genio frente a la masa? Desgraciadamente nadie ha sido hasta ahora tan afortunado como para encontrar el vaso de cicuta que hubiera podido acabar fácilmente con un ser semejante, pues todo el veneno que han generado la envidia, la calumnia y la rabia, no les fue suficiente como para aniquilar aquel autosatisfecho esplendor. Y de este modo se siente miedo y vergüenza ante los griegos, salvo que uno respete la verdad sobre todas las cosas y se atreva a la vez a confesarse esa verdad, la de que los griegos tienen en sus manos, como aurigas, nuestra cultura y cualquier cultura, pero que casi siempre el carro y el caballo son de baja calidad y son impropios de la gloria de su conductor, el cual considera una broma saltar un abismo con una yunta como esa, y lo atraviesa él mismo con el salto de Aquiles y con el de la belleza de un arco iris.

Para demostrar esa posición de liderazgo de Sócrates, basta con reconocer en él el tipo de una inaudita forma de existencia, el *hombre teórico*, respecto del cual nuestra última tarea es precisamente la de lograr la comprensión de su significado y su finalidad. También el hombre teórico siente una infinita satisfacción ante lo existente, y también él, como el artista, se protege mediante esa satisfacción de la ética práctica del pesimismo, y contra los ojos de lince que brillan sólo en la oscuridad. Si, ciertamente, el artista, en cada desvelamiento de la verdad permanece con ojos extasiados ante el velo que todavía subiste tras el desvelamiento, el hombre teórico en cambio se alegra y encuentra satisfacción en el velo arrancado, y descubre la meta última de su placer en el proceso de un nuevo desvelamiento siempre exitoso, alcanzado por su propia capacidad. No habría ninguna ciencia, si ésta no tuviera que ver con otra cosa que con esa divinidad desnuda. Pues a sus seguidores les ocurriría como a quienes quisieran excavar un agujero a través de la tierra, y de los cuales el primero comprende que, mediante un gran esfuerzo durante toda la vida, sólo lograría excavar una pequeña parte de la enorme profundidad de la tierra, y ve ante él como por el trabajo del siguiente esa pequeña parte es cubierta de nuevo, de modo tal que un tercero parecería hacer mejor en elegir por su propia cuenta un nuevo lugar para su excavación. Si ahora alguien demuestra hasta convencerles que mediante ese camino no es posible alcanzar las antípodas, ¿quién querría seguir trabajando en las antiguas excavaciones, salvo aquel que se contentase con descubrir metales preciosos o leyes de la naturaleza? Por eso Lessing, el más honesto de los hombres teóricos, se atrevió a expresar que le importaba más la búsqueda de la verdad que la verdad misma. Con lo cual dejó al descubierto el secreto fundamental de la ciencia, para sorpresa, incluso para indignación de los científicos. Pero junto a este conocimiento aislado, como exceso de honestidad, cuando no incluso de arrogancia, existe una representación profundamente *quimérica*, que vino al mundo por vez primera en la persona de Sócrates, que consiste en la firme creencia de que el pensamiento, según el hilo de la causalidad, puede llegar a los abismos más profundos del ser, y de que el pensamiento está en condiciones no sólo de conocer el ser, sino también incluso de *corregirlo*. Esta sublime demencia metafísica se ha añadido a la ciencia como instinto, y la lleva una y otra vez hasta de sus límites, en los que tiene que convertirse en *arte*: *como aquello en lo que precisamente tiene puestas sus miras ese mecanismo*.

Si ahora miramos con la antorcha de ese pensamiento hacia Sócrates, entonces se nos aparece como el primero que no sólo pudo vivir de la mano de ese instinto de la ciencia, sino que también pudo morir de la mano del mismo, lo que va aún mucho más allá. Y por eso la imagen del *Sócrates en trance de morir* es la del hombre exento del temor a la muerte en virtud del saber y de razones, el escudo que recuerda a cada cual a la puerta de la ciencia aquella determinación de hacer comprensible la existencia y con ello de hacerla aparecer como justificada. Para lo cual, si las razones no sirven, debe servir *también* finalmente el mito, al cual más arriba he calificado como necesaria consecuencia, incluso como objetivo de la ciencia.

Aquel que se represente cómo después de Sócrates, el mistagogo de la ciencia, las escuelas se suceden una tras otra, como ola sobre ola, como una insospechada universalidad del ansia de saber en el más amplio territorio del mundo culto, y como tarea para todo aquel intelectualmente bien dotado, ha llevado a la ciencia hasta alta mar, de donde no ha podido ser ya nunca completamente expulsada desde entonces, cómo mediante esa universalidad se ha extendido por primera vez sobre todo el globo terráqueo una red completa de pensamientos, que tienen perspectivas de extenderse incluso a la regularidad de todo un sistema solar, quien tenga todo esto presente junto con la sorprendente alta pirámide del saber contemporáneo, ese no podrá evitar considerar a Sócrates un punto de inflexión y un vórtice de la llamada historia universal. Pues si se pensara que toda esa incalculable suma de fuerza que se ha usado a favor de esa tendencia universal, *no* se hubiera usado en servicio del conocimiento, sino para los fines prácticos, es decir, egoístas de los individuos y de los pueblos, entonces probablemente el instintivo placer de vivir se habría debilitado en las luchas de aniquilación y en los continuos movimientos migratorios de los pueblos, hasta el punto de que, en la práctica del suicidio, el individuo debería sentir el último resto de conciencia del deber al ahogar como padre a sus hijos, como amigo a sus amigos, tal como lo hacen los habitantes de las islas Fiji. Un pesimismo práctico que podría incluso generar por compasión una espantosa ética del suicidio de los pueblos. Un pesimismo que como tal existe y ha existido allí donde no ha aparecido alguna forma de arte, especialmente en cuanto religión y en cuanto ciencia, como medio de salvación y defensa frente a ese hálito de peste.

Con respecto a ese pesimismo práctico Sócrates representa el prototipo del optimista teórico que, en la mencionada creencia sobre la capacidad de penetrar la naturaleza de las cosas, atribuye al saber y al conocimiento la fuerza de una medicina universal, y concibe el error como el mal en sí. El hombre socrático considera que la más noble, incluso la única verdadera vocación humana, consiste en penetrar en tales razones y en separar el verdadero conocimiento de la apariencia y del error, del mismo modo como ese mecanismo de conceptos, juicios y razonamientos fue estimado por Sócrates por encima de cualquier otra capacidad, como la suprema actividad y el más admirable don de la naturaleza. Incluso los más sublimes hechos morales, los impulsos de la compasión, del sacrificio, del heroísmo y esa difícilmente alcanzable calma del espíritu, que el griego apolíneo llamó *sofrosine*, fueron considerados por Sócrates y todos sus correligionarios y seguidores hasta nuestros días como derivados de la dialéctica del saber y enseñables con arreglo a ella. El que ha experimentado el placer de un conocimiento socrático y siente cómo éste pretende acoger en círculos cada vez más amplios todo el mundo de los fenómenos, ese no sentirá ya a partir de entonces ningún acicate capaz de empujarlo hacia la existencia tan intenso como el ansia de completar esa conquista, y tejer la red de manera tan firme que resulte impenetrable. A una persona como esa, el Sócrates platónico le ha de parecer como una nueva forma de *jovialidad griega* y de dicha de vivir, que busca descargar en las acciones y que hallará esas descargas la mayor parte de las veces en el influjo mayeútico y educativo sobre jóvenes nobles, con el objeto final de la producción del genio.

Pero ahora la ciencia, espoleada por su poderosa demencia, se apresura incontenible hacia sus límites, contra los cuales fracasa su optimismo, oculto en la esencia de la lógica. Pues la periferia del círculo de la ciencia tiene muchos infinitos puntos, y mientras no se alcance a ver cómo podría ser medido el círculo completo, entonces el hombre noble y dotado tropieza, incluso antes de la mitad de su vida y de modo inevitable, con aquellos puntos de la periferia donde la vista se queda absorta en lo inescrutable. Cuando aquí descubre, para horror suyo, cómo en esos límites la lógica se vuelve sobre sí misma y finalmente se muerde la cola, entonces surge la nueva forma de conocimiento, *el conocimiento trágico* que, para poder ser solamente soportado, necesita del apoyo y el remedio del arte.

Si ahora, con los ojos fortalecidos y aliviados en y con los griegos, miramos hacia las más altas esferas de aquel mundo que nos rodea, entonces concederemos que la prototípica avidez del conocimiento optimista que aparece con Sócrates se ha transformado en trágica resignación y en necesidad del arte. Mientras que, por el contrario, esa avidez, en sus grados más ínfimos, tiene que mostrarse como hostil al arte, y especialmente tiene que aborrecer en lo más íntimo el arte trágico-dionisíaco, tal como lo hemos mostrado, a modo de ejemplo, en la lucha de la tragedia de Esquilo frente al socratismo.

Aquí llamamos ahora, con el espíritu conmovido, a las puertas del presente y del futuro. ¿Llevará esa *transformación* hacia siempre nuevas configuraciones del genio, y precisamente del genio del Sócrates que *hace música*? ¿La red del arte extendida sobre la vida será entretejida de un modo cada vez más firme y sutil, ya bajo la forma de la religión ya bajo la de la ciencia, o más bien está destinada a deshacerse en jirones bajo el bárbaro forcejeo y el torbellino sin descanso que ahora se llama el *presente*? Preocupados, pero en ningún caso desconsolados, nos quedamos por un breve tiempo al margen, como seres contemplativos a los que les es permitido ser testigos de esas terribles luchas y transiciones. Pero, ¡ay!, el hechizo de esas luchas reside en que quien las contempla tiene que participar también en ellas.